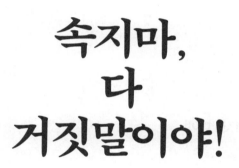

속지마, 다 거짓말이야!

펴낸날 Ⅰ 2025년 2월 20일

지은이 Ⅰ 나 예 신
펴낸이 Ⅰ 허 복 만
펴낸곳 Ⅰ 야스미디어
등록번호 제10-2569호

편 집 기 획 Ⅰ 디자인드림
표지디자인 Ⅰ 디자인일그램

주　소 Ⅰ 서울시 영등포구 영중로 65, 영원빌딩 327호
전　화 Ⅰ 02-3143-6651
팩　스 Ⅰ 02-3143-6652
이메일 Ⅰ yasmediaa@daum.net
I S B N Ⅰ 979-11-92979-15-1
정가 17,000원

본서의 수익금 일부분은 선교사를 지원합니다.

속지마, 다 거짓말이야!

나예신 지음

YAS야스

작년 봄, 어느 날이었다. 기도하다가 갑자기 내 오른손이 나의 얼굴을 이쪽저쪽 쓰다듬었다. 처음엔 이상했지만, 계속되니 하나님이 나를 쓰다듬는 거라는 생각에 가슴이 찡해졌다.

기도 중에 나는 보았다. 나는 새장 속에 갇혔던 새와 같았다.

덫에 걸려서 잡혀있는 새와 같았다.

갇혀있는 줄도 모르고 사는 새와 같았다.

하나님은 새장 속에 갇혀있는 나를 빼내어 자유롭게 해 주셨다.

하나님은 나를 고아처럼 버려두신 것이 아니라, 언제나 나와 함께하고 계셨음을 알았다. 하나님이 내 안에서 말씀하셨다.

"너와 내가 함께 했던 시간을 써라. 마음껏. 그래, 그 시간들을 다 써라. 이제 쓸 시간이다."

"하나님, 함께 한 시간이기보다는, 내가 멋대로 살려고 한 시간들 아니었습니까?"

하나님이 내 안에서 말씀하셨다.

"나를 찾던 시간이었다."

우리에게는 살아계신 진짜 아버지가 계신다.

이 아버지를 찾기 전까지, 우리는 모두 채워지지 않는 공허함을 갖고 살 수밖에 없다. 아버지는 숨어계시는 분이 아니시다. 지금 여기 우리와 함께 계신다. 그런데도 아버지를 찾지 못하는 것은, 아버지를 알지 못하도록 막는 거짓의 아비인 마귀가 열심히 일하고 있기 때문이다.

나는 이 책에, 이 거짓말에 속아서 살아온 긴 시간을 나누고 싶다. 이 흑암의 권세, 이 속임수에서 벗어나 사랑의 아들의 나라로 옮겨주신 예수님의 사랑을 나누고 싶다.

나는 이 책이 하나님이 살아계심을 믿지 못하는 이들에게, 하나님을 믿으나 하나님의 사랑이 느껴지지 않는 이들에게, 죽고 싶으나 죽지 못해 살고 있는 사랑스러운 친구들에게, 어딘가에 있을 나와 비슷한 경험을 안고 살아가고 있는 축복받은 내 친구들에게 좋은 선물이 되기를 바란다.

아울러 이 책을 위해서, 1년 전부터 기도해 주고 계시는 우리 공동체의 스무 명의 권사님께 감사의 마음을 전한다.

또, 내게 용기를 주고 응원해 준 사랑하는 큰딸과 작은딸, 아들 다윗에게 고마움을 전하며, "사랑하고 존경하는 여보! 당신 덕분에 글을 쓰는 행복한 시간을 보낼 수 있었어요! 고맙습니다!"

그리고 나의 전부 되시는 아버지, 나의 하나님!
저는 하나님의 것이며,
저의 인생도 하나님의 것이며,
이 책도 하나님의 것입니다.
사랑합니다.

기쁜 소식 2

7장 ▸ ## 그가 내 안에 1

그가 내 안에 2

이는 내 생각이 너희의 생각과 다르며

내 길은 너희의 길과 다름이니라

여호와의 말씀이니라

이는 하늘이 땅보다 높음같이

내 길은 너희의 길보다 높으며

내 생각은 너희의 생각보다 높음이니라

(사 55:8-9)

1장

자살의 늪 1

사랑을 배우지 못해서

어린 날의 기억은 평생 안고 가는 뿌리이며 성장의 발판이다. 나는 좋은 뿌리를 갖지 못했다. 나이는 어느새 어른이 되었지만 내 속에 아픈 어린아이가 있다. 어릴 적 이야기는 별로 말하고 싶지도 않고, 오히려 지울 수 있다면 깨끗하게 지우고 싶다. 그러나 쉽게 지워지지 않는다는 것을 알았다.

그런데 이따금 주위를 둘러보니 나만 특별했던 것도 아니었다는 것을 알았다. 나와 비슷한 경험을 하며 살아온 사람들이 아주 많다는 것을 알았다. 이상하기도 하다. 왜 불편한 가정이 이렇게도 흔할까? 상황만 다를 뿐 가정마다 꺼내기 불편한 가족 이야기가 있는 것 같다. 그래서 용기를 갖게 되었다.

누구든지 가족의 치부를 드러내는 것은 쉽지 않다. 나도 수백 번을 고민했다. 내 가족을 흉보는 일이다. 결국은 내 얼굴에 침을 뱉는 일이라는 것을 나도 안다. 그러나 나를 설명하려 하면, 내 뿌리부터 열어야 했다. 내 어린 날의 기억을 더듬어 보아야 했다. 가족에게는 미안하지만, 예수 그리스도 안에서라면 괜찮다고 생각한다. 우리들은 모두 진짜 사랑을 받아본 적이 없는 연약한 존재들이기 때문이다.

몇 살인지는 모르겠다. 나의 어린 시절, 기억이라는 책의 첫 장에는 두 개의 연속된 장면이 있다. 아빠가 엄마의 머리채를 잡고 흙 마당을 지나 대문 밖으로 질질 끌고 나오는 장면이 첫 그림이다. 몇몇 사람들이 이 충격적인 광경을 구경하듯 보고 있었고, 어른들이 아빠를 말려도 소용이 없었다. 두 번째 장면은 엄마가 기절해서 죽은 듯이 마루에 누워있고 몇 명의 어른들이 엄마를 깨우려고 애쓰는 모습이다.

엄마가 기절한 것을 보고 아빠도 놀라셨는지 그 뒤로는 아무리 크게 싸워도 머리채를 잡고 끌고 다니지는 않으셨다. 다행이라고 생각한다.

아빠는 평소에 조용한 분이셨다. 동네 사람들은 아빠가 양처럼 순하다고 하셨다. 아빠는 술을 좋아하셨다. 월급날이면 급여를 한꺼번에 술값으로 탕진하고 들어오셨다. 엄마와 우리 세 남매는 먹을 것이 없어서 배고픈 날이 많았던 것 같다. 아빠가 엄마를 크게 때린 날이 있었는데, 세 아이에게 먹일 것이 없어서 공장에 나가서 일을 했다는 이유였다.

어렸을 때는 몰랐지만, 나도 생각이라는 것을 하는 나이가 되자, 아빠의 의도가 보였다. 아빠의 폭행은 늘 계획적이었다. 물리적인 힘으로 아내를 남편의 밑에 두려는 계획이 깔린 듯했다. 폭행한 다음 날이면 약을 사다가 엄마 몸에 생긴 상처에 발라 주시고, 다시 순한 양으로 돌아오셨다.

아빠는 술의 힘을 빌려서, 평소에 하고 싶었지만, 못했던 말씀을 하셨다. 가족을 향한 비난과 질타였다. 취하신 아빠는 때때로 나와 오빠 둘을 나란히 무릎 꿇어앉혀 놓고, 가죽을 재단할 때 쓰는, 쇠로 된 긴 자로 허벅지를 때리셨다. 세 남매를 순서대로 때리셨는데, 매번 큰오빠가 첫째라서 먼저 맞았다. 큰오빠를 얼마나 세게 힘껏 때리셨는지, 쇠로 된 자가 엿가락이 휘어지듯 휘어졌다. 나는 너무 무서워서 그 공포로, 정작 내가 맞았는지 아닌지조차도 정확하게 기억을 못 한다.

아빠의 숨 막히는 폭언과 폭행, 술주정 속에 갇힌 시간은 흡사 지옥과도 같았다. 엄마가 술 취한 아빠를 어떻게든 재워 보려고 비위 맞추며 달래는 소리, 가끔 들리는 엄마의 비명과 울음소리, 큰소리로 다투며 뭔가를 부수는 소리를 들으면서, 이 비정상적인 상태가 끝나기를 얼마나 바랐는지 모른다. 나는 안방에서 들리는 소리가 너무 괴로워서 귀를 막고, 잘 알지도 못하는 하나님을 찾으면서 기도했다.

"하나님, 이 세상에 있는 모든 술이 없어지게 해주세요."

나는 아빠를 사랑했다. 아빠는 술만 없으면 좋은 분이시니까, 아빠를 이렇게 만드는 술이 없어지게 해달라고 기도했다. 나는 술을 미워했지, 아빠를 미워하지 않았다.

아빠가 우리에게 쏟아놓는 폭언과 폭행보다 더 나를 괴롭고 가슴 아프게 한 것은 내가 가장 사랑하는 아빠가 내가 가장 사랑하는 엄마를 공격한다는 사실이었다. 그래서 내가 사랑하는 엄마가 내가 사랑하는 아빠 때문에 고통받고 아빠를 미워하게 된다는 것이 마음 아팠다.

아빠가 엄마에게 하는 모든 괴롭힘은 결국 나와 오빠들에게 몇 배의 고통일 수밖에 없었다.

군림자와 방관자들

엄마와 아빠는 평소에는 사이가 나쁜 편이 아니었다. 싸울 때도 있었지만 좋을 때도 많았다. 아빠가 기분이 좋으실 땐 집 안 분위기가 좋았다. 아빠는 손재주가 좋으셨다. 나는 아빠가 무엇인가를 만지고 손보실 때 아빠 뒤를 따라다니며 구경하는 것을 좋아했다. 내가 어릴 때 아빠는 구두를 만드셨는데, 집 뒤쪽에 구두 만드는 작업장이 있었다. 본드 냄새와 가죽 냄새를 맡으며 구두 만드는 작업을 구경하고, 아빠 옆에서 자잘한 못이나 여러 가지 도구를 가지고 노는 것이 즐거웠다.

엄마는 내가 다섯 살이 됐을 때부터 본격적으로, 밖으로 일을 하러 나가셨다.

엄마는 젊었을 때 상당히 미인이셨고, 머리가 좋은 분이셨다. 나는 유감스럽게도 엄마의 고운 피부도 닮지 못했고, 좋은 머리도 닮지 못했다. 그러나 큰오빠는 똑똑한 머리도 고운 피부도 엄마를 닮았다. 첫째 아들은 아빠와 엄마의 사랑이었다.

그 애정에 금이 가는 사건이 발생하기 전까진 그랬다.

그 사건의 내용까지는 언급할 이유가 없다. 그러나 그 작은 사건을 계기로 큰오빠는 큰오빠대로 엄마와 아빠에게, 부모님은 부모님대로 큰오빠에게 너무 큰 실망을 했던 것 같다. 그리고 슬프게도, 나는 그 사건에 애처로운 희생자가 되었다. 때마침 시작된 큰오빠의 사춘기까지 맞물리자, 그때부터 집은 폭탄을 맞은 듯 흔들렸다. 아빠는 술을 드셨을 때만 집안을 뒤집으셨지만, 큰오빠의 폭발은 시도 때도 없었다.

내가 초등학교 고학년이 될 때부터 큰오빠의 구박이 시작되었다. 큰오빠도 역시 매번 나에게 나빴던 것은 아니다. 기분이 좋을 때는 부드럽고 친절하게 해주기도 했다.

그러나 시간이 지나면 지날수록 폭군처럼 변해가는 큰오빠 앞에서, 작은 오빠와 나는 아무런 힘이 없었다. 엄마와 아빠도 큰오빠를 감당하지 못하셨다. 큰오빠는 감정의 기복이 심해져 갔다. 대체로 기분이 나쁜 날이 더 많았지만, 순간적으로 돌변했다. 웃다가도 금방 화를 내고 화를 내는 건가 싶으면, 크고 긴 속눈썹을 타고 동글동글한 눈물이 쏟아지며 악을 쓰며 분노를 주체하지 못했다.

내가 중고등학생일 때, 부모님이 안 계신 시간이면 늘 나는 큰오빠의 괴롭힘의 대상이었다. 오빠는 내 이름을 부르지 않았다. 나는 오빠 앞에서 사람이 아니었다. 늘 욕이 붙어 다녔다. 오빠가 내게 주입한 이름들은 다 욕이었다. 아빠는 술에 취해서 불렀던 이름들을 오빠는 맨정신으로 불러댔다. 오빠는 나에게 '머리에 똥만 든 년'이라고 말했는데, 욕을 너무 많이 들어서 나는 내 자신이 그렇다고 믿게 되었다.

오빠는 내 몸에 이불을 씌어서 덮어놓고 밟았다. 몇 번은 방 안에 감금을 시켜서, 어느 날은 도망갔다가 잡혀서 길에서 난리가 났다. 몇 번은 눈발 날리는 겨울에 맨발인 채로 현관 밖 마당으로 쫓아내고 문을 잠갔다. 나는 엄마가 돌아오실 때까지 몇 시간을 추위에 떨며 밖에서 기다려야 했는데, 엄마는 내 모습을 보시고서도 내 비참함과 억울함을 가볍게 생각하셨다.

나는 부모님께 위로받지 못했고, 부모님은 큰오빠가 나를 더 이상 때리지 못하게 막지도 않으셨다. 엄마와 아빠는 이 폭행과 폭언에서 나를 구해주지 못하셨다. 오히려 나를 탓하실 때도 있었다. 나는 보호받지 못했고, 가족은 마치 방관자들처럼 보였다.

나는 아마도 심장에, 병에 걸렸었던 것 같다. 아빠가 술에 잔뜩 취해서 집에 오고 있다는 소식을 들었을 때와 마찬가지로, 해가 지고 큰오빠가 집에 돌아오는 시간이 다가오면 명치가 아팠다. 오빠가 집에 들어오는 시간이 다가올수록 심장이 터질 듯이 뛰고 불안해서 가만히 있을 수가 없었다. 그리고 대문이 열리고 오빠가 들어오는 발소리를 들을 때, 불안감은 최고조를 찍었다.

집이 제일 괴로워서

오빠가 집에 있을 때면, 오빠가 기분이 좋아도 좋지 않아도 우린 서로 아는 척을 하지 않았다. 평소에는 투명 인간처럼 취급하다가, 오빠의 눈에 내가 보이는 시간은 나에게 욕을 던지고 싶을 때나, 혹은 나를 갈구고 싶을 때였다. 맞는다는 것보다 더 처참한 것은 사람의 인격이 말살되는 순간이라고 생각한다. 오빠의 시도 때도 없는 폭언이 말하고 있는 강한 메시지는 하나였다. '왜 너 같은 년이 태어나서 살고 있냐?'라는 것이었다. '태어나면 안 되는 년이 살고 있다'라는 것이었다. 그러니 '나가서 죽으라는 것'이었다.

몇 년을 이런 치욕과 갈굼을 당하다 보니, 더는 참지 못하겠다는 생각이 머리끝까지 차올랐다.

그러던 어느 날 저녁, 그날도 오빠의 난폭한 분노와 더불어 심한 폭언을 듣고 나서, 몸과 마음이 아프고, 너무 괴로워서 죽을 것만 같았다. 그러다가, 더 이상 참지 않겠다고 결심하고, 부엌에서 과도를 들고 내 방으로 가져왔다.

오빠는 안방에 있었고, 나는 칼을 들고 안방으로 가기 위해 일어섰다. 나는 생각했다. '이제 끝내자고. 이 지긋지긋한 갈굼을 끝낼 거라고. 더는 못 살겠다고. 원하는 대로 해주겠다고.'

칼을 들고 나가서, 큰오빠 앞에서 나를 찌르고 보란 듯이 죽어버리겠다고 결심했다. 그것이 오빠의 소원이고, 이 소원의 성취가 내가 오빠에게 할 수 있는 가장 큰 복수가 될 것이라고 생각했다. 나는 몹시 흥분한 상태였고, 더 이상 살고 싶지도 않았기 때문에 그다지 어려운 결정은 아니었으나, 하염없이 슬픈 것은 어쩔 수가 없었다.

나는 칼을 들고 있었고, 내 방문을 열고 안방으로 가서 오빠 앞에 서기만 하면 되는데, 움직이려는 순간, 이상하게도 별로 친하지도 않은 예수님이 갑자기 떠올랐다. 나와 상관없는 예수님이 나와 무슨 관계가 있는 것처럼, 갑자기 예수님이 생각이 나서 내가 하려는 것을 참으라고 하시는 것임을 느꼈다. 나는 칼을 잡은 오른쪽 손의 손목을 왼손으로 붙잡은 상태로 펑펑 울면서 생각했다.

'예수님 때문에 그만두는 거야! 예수님 때문에 오빠를 참는 거야!'

지금 생각해도 이상한 것은 나는 그때 교회를 다니고는 있었지만, 별로 아는 것도 없었고 믿음도 없었다. 아니, 믿고 싶었지만 믿어지지 않았다. 한 번만 나타나 주시면 믿겠노라고 기도했었지만, 한 번도 나타나지 않으셨으니까. 난 하나님이나 예수님은 사람이 만든 신에 불과하다고 생각했던 편이 더 강했다. 구약 성경에서 창세기를 쓴 사람은 천재일 거라로 생각했고, 신약의 편지들은 한국어이지만, 도무지 이해할 수가 없었다. 머리가 나빠서?

그러나 난 밤마다 하나님의 이름을 불렀다.

군대를 제대한 오빠는, 내가 20대 초반의 나이가 되었을 때까지 전례 행사처럼 폭행했지만, 우여곡절 끝에 끝나는 날이 오기는 왔다. 또, 내 존재 자체가 잘못된 것이기 때문에 빨리 죽기를 원하는 폭언과, 분노와 미움으로 가득 찬 무시무시한 갈굼도, 오빠의 분가로 끝났다.

그러나 나는 의문투성이였다.

'집은, 집이란 무엇일까? 가정은 무엇이며, 가족은 무엇일까?'

나는 집보다 밖이 더 마음이 편했다. 집은 공포스러운 곳, 숨쉬기 어려운 곳이었다. 밖에서는 맞을 일도 없고, 오히려 착하고 바르다고 칭찬받는데, 보호받겠다고 들어가는 집은 언제든지 나를 폭행해도 되고, 막말을 쏟아부어도 되는 배설물통 신세가 되는 곳이었다. 세상 어디에서도 들어볼 수 없는 욕을 아빠와 오빠를 통해서 들었다. 그건 저주의 말이었다. 내가 혹시라도 잘 되고 잘 살기라도 할까 봐 두렵기라도 한 듯이 온갖 저주의 말을 쏟아붓듯이 해댔다.

그렇다. 공부보다 내게 더 중요한 주제는 '왜 사느냐?'였다. 24시간 내내 내 속에서 맴도는 것은 '나는 왜 태어나서 왜 살고 있을까?'였다.

나는 십 대 시절, 날마다 세상을 떠날 마음의 준비를 하고 있었다.

고칠 수 없는 피부병을 갖고

지독히도 가난한 살림에, 악독한 주사를 가진 남편에게서 벗어나고 싶었던 엄마는 어린 아들 둘을 데리고 집을 나와서 도망갔다고 한다. 진짜 더 이상 살지 않기로 다짐하고, 이혼이란 단어를 꺼내기도 힘들던 시절에 엄마는 결심하고 떠났었단다. 그런데 무슨 드라마처럼 엄마 뱃속에 이미 몇 개월 된 아기가 있었다고 한다. 엄마는 아기를 낙태시키려고 산부인과에 가셨다. 다행인지 불행인지 태아가 5개월이 넘어서 중절 수술을 해줄 수 없다고 해서 엄마는 뱃속에 아이를 어쩌지 못하고 그냥 돌아오셨다고 한다. 아이를 좋아했던 아빠는 엄마의 셋째 임신 소식에 뛸 듯이 기뻐하며, 앞으로 잘하겠다는 약속을 받고 다시 살기로 하셨단다.

엄마는 아빠 때문에 참을 수 없이 고통스러우실 때, 이때의 이야기를 한탄 섞인 말로 말씀하셨다. 내가 아니었으면 도망칠 기회가 있었다는 것이다. 나 또한 사는 것이 힘들 때는 그날을 원망했다. 5개월 태아가 되기 전에, 조금만 더 빨리 가서 그때 없어졌으면 나도, 내 삶도 없었을 테니, 좋은 기회를 놓쳐버린 엄마를 원망했다.

나는 태어날 때부터 피부가 좋지 않았다. 엄마 아빠가 하얀 피부여서, 첫째 아들은 백곰처럼 하얀 아이로 태어났는데, 나는 너무 까매서 엄마가 의심을 받으실 정도였다고 했다. 피부색은 둘째치고, 모기에 한 번 물리면 붓고 고름이 잘 생겨서 고약을 붙이고 살아야 했다. 다리에 물리면, 다리 전체가 붓고 고름으로 가득 차서 걸어 다니지도 못했다. 그러나 이것도 이후에 생겨난 피부병에 비하면 아무것도 아니었다.

대여섯 살이 되었을 때, 몸에 흰 반점이 생겼다. 처음엔 아주 작았던 흰 반점은 빠른 속도로 넓어지고 번져서 차츰 몸의 여러 곳에 생겼다.
등과 목에서 시작된 흰 반점이 손목과 발목, 사타구니, 무릎에서부터 종아리, 발등까지 번져갔다. 게다가 얼굴에까지 번져서 왼쪽 속눈썹과 눈꺼풀이 하얗게 되었다. 얼굴도 걱정이었지만, 더 큰 문제는 머리카락이었다. 하얀 점들로 점령당한 두피에서는 흰머리가 자랐다. 다리와 등은 옷을 입어서 가린다고 해도, 흰머리는 가릴 수가 없었다.

곧 학교에 입학해야 하는 나이가 되는데, 내 몸은 하얀 반점으로 둘러싸이고 흰머리로 뒤덮였다. 피부과로 유명한 병원에서 진료를 받고서 알게 된 것은 이 병이 '백납증'이라는 이름을 가졌다는 것뿐이었다. 현대 의학으로는 발병 원인도 모르고, 고칠 수도 없다는 답변이었다.

요즘은 이 '백납증'을 '백반증'이라고 말하는데, 지금은 초기 증상이라면 치료 방법이 있는 것 같지만, 1970년대 후반이던 그때는 절망적이게도 아무런 방법이 없었다.

나는 너무 어려서 이 병이 내가 커 갈수록 나를 얼마나 힘들고 아프게 할지 상상할 수 없었다.

치료는 화상과 함께

입학할 즈음에 엄마는 내 하얀 머리를 흑색 염색약으로 염색을 해주셨다. 초등학생과 중학생 때 초반까지는 엄마가 염색을 해주셨는데, 이건 절대 쉽지 않은 일이었다. 얼마나 귀찮은 일이었는지, 염색해야 하는 날은 자주도 다가왔다. 도망가고 싶었다.

흰머리는 20일이면 충분히 많이 보이기 때문에 어린 나는 더 자주 해야 했다. 덕분에 머리를 길어보지 못하고, 거의 남자애들처럼 보이쉬한 스타일로 살게 되었다.

딸의 피부병을 낫게 하려고 엄마는 여기저기 수소문해서 별걸 다 가지고 와서 나를 실험 대상으로 쓰셨다. 이런저런 민간요법을 배워 오셔서 하얀 반점에 문질렀다. 피부만 빨갛게 아프고 효과를 본 것은 하나도 없었다.

초등학교 2학년 때 어느 날, 엄마의 집게손가락 크기만 한 연고를 가지고 오셨다. 이름도 붙어있지 않은 약이었는데, 일본에서 수입된 굉장히 비싼 약이라고 했다. 우린 돈이 없는 형편이었으니까 엄마에겐 아주 더 비싼 약이었을 것이다. 엄마는 그 이름 모를 약과 함께 화상약도 들고 오셨다.

이 약으로 백반증을 치료하는 방법은 이랬다. 나는 온몸에 흰 반점이 퍼져 있었으므로 일단 속옷만 남기고 다 벗었다. 그러고는 연고를 흰 반점에 얇게 펴 바른다. 다 바르고 나면 한 시간 동안 절대로 그늘진 곳, 어두운 곳에 있어야 한다. 한 시간이 지나면 그 상태로 바깥 양지로 나가서 1분 동안만 햇볕을 쬔다. 골고루 햇볕을 쬐여준 다음에는 바로 집으로 들어와서 약의 성분이 하나도 남지 않도록 깨끗하게 샤워한다. 샤워하고 나면 곧바로 화상약을 두텁게 발라준다.

이상이 이 약의 사용 방법이다. 이 약은 신통했다. 가장 먼저 얼굴에 왼쪽 눈꺼풀에 있던 흰 반점이 없어지고, 내 피부색으로 채워졌다. 그래서 이 약 덕분에 나는 누가 봐도 백반증이 있음을 쉽게 눈치채지 못하는 얼굴을 가질 수 있게 되었다. 등과 다리와 목 등 여러 곳에도 효과가 있었다. 넓었던 하얀 부분이 어떤 곳은 흰 반점의 중심부터 어떤 곳은 가장자리부터 차츰 씩 내 피부색으로 돌아왔다.

그러나 이 약의 부작용에 대해서는 전혀 예상치 못했다. 먼저는 이름 없는 이 약은 너무 독해서 약을 바르는 엄마의 손등에 살짝만 묻어도 그 자리는 피부가 짙은 갈색으로 변했다. 내 피부에 바를 때면 흰 반점은 끄떡없지만, 흰 반점 밖으로 약이 발라진 부분은 어김없이 진한 갈색이 되었다. 그래서 흰 반점과 내 피부 사이에 경계선처럼 만들어진 짙은 갈색이 대비가 되어, 흰 반점을 더 도드라지게 보이게 하고, 도드라진 흰색과 이 갈색이 오히려 피부를 더 얼룩져 보이게 만들어서 보기 흉했다. 나는 이런 얼룩진 목을 숨기고 싶어서 목을 최대한 잡아당겨서 숨기고 다녔다. 그래봤자 감추어질 리가 없는데도 말이다.

약을 바른 후에 얻은 두 번째 부작용은, 흰 반점 피부가 자주 화상을 입었다. 흰 반점이 있는 곳은 항상 가렵고 따가웠다. 심하면 점점 수포가 생기고 부풀어 올라 2도 화상을 입은 증상과 같아졌다. 애초에 연고를 바르고 나서 화상약을 꼭 발라야 했던 것은 이런 화상을 막기 위함이었다. 물집이 물이 차올라 팽팽해지면, 바늘이나 이쑤시개로 터뜨려 진물을 빼며 치료하는 과정은 여름 방학 행사가 됐다. 바닷가나 계곡에 잠깐 다녀온 때에는 온몸이 화상을 입어서 방학 내내 고통으로 몸부림쳤다. 여름에는 학교 체육 시간은 물론이고 등하교만 했을 뿐인데도 빨갛게 화상을 입기 일쑤였다.

나는 치료를 하기 위해서도 그랬지만, 화상을 입을까 해서 밖에서 친구들과 노는 일은 거의 없었다. 제대로 된 친구도 없었다. 일을 하시는 엄마는 가끔 점심때 들어오셔서 치료를 도와주셨지만, 바빠서 매번 들어오실 수 있는 것은 아니었다. 언젠가부터는 나 혼자서 연고를 바르며 치료하게 되었다.

그래서 혼자가 익숙해졌다. 하늘에 지나가는 구름과 책이 내 친구가 되어주었다. 그러다가 초등학교 졸업반이 되자, 차츰 이 백반증 치료를 그만하고 싶어졌다. 친구들과 놀고 싶어서, 또 더 이상 피부가 아픈 게 싫어서 엄마한테는 약을 발랐다고 거짓말을 하고 놀았다. 그래서 백반증은 거기서 낫기를 멈췄나 보다. 아니, 약을 계속 발랐다고 해도 낫지 않았을지도 모른다고도 생각한다. 삼사 년을 치료해 왔으나, 어느 때부턴가는 정체되어 있었다. 나을 수 있는 만큼은 나았고, 어쩌면 더 이상의 효과는 없었을지도 모른다.

좋은 건지 나쁜 건지, 나는 키도 자라고 점점 살이 쪄갔고, 살이 쪄서 넓어지다 보니, 그 크던 흰 반점들은 상대적으로 작아져 보이게 되었다. 치료를 멈추고 나니 흰 반점 주변의 짙은 갈색은 시간이 지나자, 내 피부색으로 돌아왔다. 여전히 목에 뚜렷한 흰 반점이 창피했지만, 옷으로 가릴 수 있는 부분은 가리면 되니까, 괜찮을 거라고 생각했다. 그렇게 사는 것이 당연한 건 줄 알았고, 감추고 숨기면 살아갈 수 있을 줄 알았다.

나만 그렇다는 걸 알았을 때

초등학교 시절, 나의 괴로움을 배가시킨 곳은 학교였다. 우리 학교는 어린이의 건강을 위해서 여름에는 반바지나 치마를 입어야 하고, 양말을 신고 다니지 않게 했다. 다리에 햇볕을 쬐고 통풍이 잘되게 해서 건강을 추구하는 시범학교를 운영하고 있었다. 다른 모든 사람에게 좋은 취지일지 모르나 이것은 나를 괴롭게 했다.

나는 반바지를 입고 무릎까지 올라오는 긴 양말을 신지 않으면 안 되었다. 이게 무슨 고통이냐고 할 것이다. 해마다 여름이면, 엄마가 학교에 오셔서, 예신이는 양말을 신어야 한다고 사정을 말씀드리고, 선생님들은 충분히 이해해 주시고 허락해 주셨다.

그러나 등교 때마다 교문에서, 양말을 신고 들어오는 아이를 색출해 내는 것은 선도부 일이었다. 그 쪼그만 선배들이 나를 잡았다. 자존심 상하고 창피해서, 나는 선도부가 나오기 전에 제일 먼저 학교에 가야 했다.

어느 날, 선도부 한 명에게 들켜서 냅다 도망쳐서 교실에 숨었는데, 숨어 있는 나를 찾아내고는, 교실 앞 복도에 서서 밖으로 나오라고 소리를 질렀다. 정말 미칠 노릇이었다. 걸리

기도 싫고, 설명하기도 싫고, 보여주긴 더더욱 싫었다. 이건 끝까지 비밀이니까! 무릎까지 오는 양말은 어찌나 잘 내려가는지, 하루에도 수백 번은 양말을 올렸는데, 하교해서 집에 돌아오면 무릎이 다 닳아서 빨개져서 아팠다.

어린 가슴에 슬픔을 품고 비극이라는 감정을 느낀 것은, 몇천 명이나 되는 전교생이 반바지 체육복을 입고 체조를 하는데, 단 한 명, 나 한 명만 하복이 아닌 동복을 입고 있다는 사실이었다. 넓은 운동장에 1학년부터 6학년이 반듯하게 줄을 서 있는데, 360도를 둘러봐도 전부 반바지 차림이었다. 차츰 알아갔다.

'이런 아이는 나밖에 없구나.'

'흰 반점 같은 게 있는 아이는 나밖에 없구나.'

'아이들이 이렇게 많은데, 이 땡볕에 더운 긴바지를 입고 있는 애는 나밖에 없구나. 나는 마치 외돌토리에다가 미운 오리 새끼 같구나.'

그래도 반에서 인기가 없는 아이는 아니었다. 나는 글씨를 예쁘게 잘 써서 칠판에 글씨를 쓰는 일이나 벽신문을 만드는 일을 도맡아 했다. 또 작문을 잘했는지, 대회만 나가면 이상하게 장원상을 받았다. 그래서인지 상상력이나 감수성이 풍부했는데, 부유하고 평화로운 가정을 갖기를 소원했고, 교실에 앉아 있을 때는 여자아이들의 뒤통수만 바라보며 생각에 잠겼다.

'나도 저런 머리카락을 가졌으면…'

찰랑찰랑한 긴 머리를 가진 여자아이들이 알록달록한 구슬 모양의 머리끈으로 머리를 묶고 온 모습이나, 양 갈래로 묶은 모습이나, 머리를 땋아서 리본으로 묶은 모습들을 보고 있었다. 하루도 빠짐없이 매시간 여자아이들의 뒷모습에서 눈을 떼지 않았다. 내가 그녀들을 얼마나 부러워하는지는 아무도 몰랐다. 입으로 내어서 말해 본 적이 없었다.

'나도 저런 머리를 한 번만이라도 해 볼 수 있다면 얼마나 좋을까?'

염색을 위해서 짧게 자른 머리카락은 며칠만 지나도 흰머리가 올라왔다. 아침에 학교에 가려고 거울을 보면 어느샌가 흰머리가 올라와 있어서 이대로 학교에 갔다가는 장난기 많은 남자애들한테 들키는 것은 시간문제라는 생각이 들 때가 있었다. 이런 날에는 긴장한 채로 의자에 앉아 있다가 애들이 다가오면 내 머리를 위에서 내려다보지 못하도록 벌떡 일어나서 이동했다. 들키면 놀림감이 되고, 모두 몰려와서 원숭이 보듯 처다볼 것이 뻔했기 때문이다.

그런데 어느 날엔 생각 없이 책상 위에 엎드려있다가 한 녀석에게 들키고 말았다.

'어! 야! 너 흰머리 났냐?'

대게 이런 말은 소곤소곤 친절하게 물어보지 않는다. 생각이라는 것이 없는 장난꾸러기 남자애는 엄청나게 큰 소리로 말했다. 그리고 내가 놀라기도 전에 이미 교실 앞쪽으로 번개처럼 빠르게 나가서 말했다.

"야! 예신이는 흰머리 있다! 할머니같이 흰머리 있다!"

그러더니 아예 손뼉을 치며 박자를 맞추면서 노래하듯 말했다.

"예신이는 할머니래요! 예신이는 할머니래요!"

당연히 나는 아이들에게 원숭이가 될 차례였다. 이런 날이 올 줄 알았다.

'그런 날이, 만약에 그런 순간이 오면 어쩌지?'

걱정하면서 수많은 시간을 들여 이야기를 짜냈었다. 도망 갈 묘책을 찾아서, 한가지는 가지고 있어야 한다고 생각했었다. 그래서 그날까지 만들어놓은 내 기발한 아이디어라는 것은 겨우 이거였다. 아직 너무 부족한 변명 밖에 만들어 놓지 못했지만, 용기를 내서 외쳤다.

"흰머리 아니야! 아침에 밀가루가, 밀가루가 머리에 쏟아진 거야!"

나는 크게 말하고 울었다. 사실 그다음 상황은 머릿속에서 지워지고 없다. 어린 내가 감당하기엔 너무 어려운 기억이라서 뇌가 스스로 지워버렸는지, 반대로 그 유치한 변명을 아이들이 믿고 그냥 조용하게 지나갔는지 나도 모르겠다.

난 언제나 그렇게 부러움 속에 사는 아이였다. 한 번만이라도 그런 머리를 가져보고 싶어서 울고 또 울었다. 나는 마음속이 병들어 갈 만큼 여자아이들의 머리가 부러웠다.

백조들 옆에 새까만 새

문제는 드디어 내게도 사춘기 시절이 왔다는 것이다. 이젠 고작 헤어스타일을 꾸밀 수 있고 없고의 단계가 아니었다. 중고생 여자아이들이 얼마나 예쁜지를 매일 실감하며 학교에 다니고 있었다. 열두 살, 열세 살, 열일곱 살… 나이를 먹을수록, 어린이에서 어른으로 변해가는 과정에 있는 아이들은 정말 예뺐다.

'여자애들의 체형과 피부는 이렇게 예뻐지는구나!'

나는 이제 다리와 목 부분에 미친 여자가 되어 있었다. 어릴 때 머리카락에만 관심 있던 눈이 점점 머리에서 목으로 시선이 넓어졌다. 그리고 다리.

다리에 대한 집착이 특히 심했다. 지금 생각해 보면, 나는 사람을 볼 때 다리만 보았던 것 같다. 학교에서나 길거리를 다닐 때도 심지어 텔레비전을 볼 때도 흰 반점이 없는 다리면 모두 부러웠다. 나는 외모에 지나치게 집착하는 왜곡된 여자로 자라고 있었다. 얼룩지지 않은 피부만으로도 충분히 축복받았다고 생각했다. 이렇게 말해주고 싶었다.

'너희들이 얼마나 예쁜지 아니?'

내 눈에는 보였다. 그녀들의 싱그러움과 아름다움이.

그녀들은 그녀들의 존재 자체만으로 얼마나 아름다운지를 모르고 있는 듯했다. 내 눈에는 뭘 해도 예뻐 보이는 축복받은 그녀들의 말할 수 없는 아름다움을 모르고 감사도 모르고 살아가고 있었다.

나는 그 나이 때에 비뚤어진 자아로 세상을 보고 있었기 때문에, 내가 생각하는 나의 이미지는 이랬다. '완전히 깨끗하고 밝은 하얀 색이 가득한 교실 가운데, 눈에 탁! 띠는 검은 색 하나.' 내 흰 반점은 하얀색이지만, 나는 본래 피부색이 어둡고, 흑색 염색약으로 염색한 시커먼 머리카락 색을 하고 있었기 때문에, 내가 생각하는 나의 이미지는 어두움과 검은색이었다. 어디를 가나 눈에 띄는 시커먼 색.

시커멓고 뚱뚱하고 볼품없는 여학생!

학년이 올라가면 올라갈수록 아이들의 성장을 보면서 사람은 참 아름답다고 생각했다. 나는 그렇지 않지만, 나만은 예외지만.

어느 틈엔, 부러움이 커져서 질투가 되려고도 했지만, 감사하게도(?) 질투보다는 체념과 자기 비하, 낮은 자존감으로 가득 차게 되었다. 혼자 살면 필요 없었을 일을, 하필이면 제일 예쁜 나이의 아이들을 주위에 가득 놓아 주셔서, 날마다 그 안에서 그녀들의 아름다움을 보며 사는 것은 차라리 고문이었다. 나는 결코 가질 수 없는 것들을 가지고 있고, 앞으로는 더 아름답게 성장해 갈 친구들이 너무 부러웠다. 부러움이 차올라서 목까지 차오르고 주체하지 못하게 될 때는 하나님 앞에서 울었다.

뜨거운 찬양, 무심코 받은 세례

중학교 때 새로운 친구를 만나서, 친구 집에 잠깐 들르게 되었다. 친구 집의 카세트에서 나오는 노래가 왠지 너무 좋았다. 방에 누워서 노래를 듣고 있다가 문득 친구에게 물었다.

"있지, 나, 이 노래 테이프 빌려줄 수 있어?"

친구는 테이프를 흔쾌히 빌려주었고, 나는 집에서 매일 밤낮없이 이 노래를 들었다. 이 노래들은 내 마음을 사로잡았다. 그것은 '주찬양'이라는 찬양집이었는데, 금세 이 찬양곡들을 모두 외워서 부를 수 있었다. 가사 한 소절 한 소절을 듣고 따라서 부르며 깊은 생각을 했다. 나는 아마도 이 찬양을 통해서 복음을 처음 만났다. '나 가진 재물 없으나'라는 찬양이 내 마음 같아서 듣다가 펑펑 울기도 했다.

그래서 막연하게 하나님을 믿어보고 싶은 생각을 하게 됐던 것 같다. 초등학생 때 몇 번 교회 주일학교에 가본 적이 있었지만, 이런 마음은 아니었다. 찬양 가사에 나오는 것처럼, 진짜 하나님이 계신다면 나도 그 하나님을 찬양하고 경배하고 싶다고 생각했다.

그 무렵 작은 오빠가, 목사님을 아버지로 둔 친구와 친하

게 지내고 있었기 때문에, 작은 오빠의 꼬임으로 그 목사님이
계신, 동네 상가 2층에 있는 작은 개척교회에 가게 되었고, 세
례가 뭔지도 모르면서 출석 일수를 채웠기 때문에 세례를 받
았다.

세례의 진짜 의미를 알지 못해서 너무 가볍게 형식적으로
지나갔다. 그런데도 하나님은 내가 세례를 받는 날, 기뻐하셨
을까? 그렇다. 물론이다. 하나님이 계획하고 기다리던 날이었
고, 하나님은 분명히 기뻐하셨을 것이다.

또 나는 고등학생 때 가끔 혼자서 부흥 집회를 했다.

중학교 3년 동안 사랑하는 친구가 있었다. 사랑하는 친구
는 졸업할 때, '십대선교회'라는 곳을 소개해 주었고, 나는 고
등학생 내내 이곳을 다녔다. 교회보다 여기가 훨씬 좋았다. 교
회에서는 한 번도 들어보지 못한 찬양이 있었고, 드럼, 전자기
타, 신시사이저, 피아노 등, 이 세상 악기들이 다 들어간 듯한
연주와 아름다운 찬양을 불렀다.

믿음은 없으면서도 찬양을 좋아했던 나는, 당시 예수전도
단 찬양집회도 다녔다. 그리고 가끔은 집에 아무도 없을 때면
몇 시간이고 찬양을 부르고 기도도 하면서 혼자 부흥 집회를
하곤 했다. 나는 이것이 내가 하나님께 드린 예배였다고 생각

했다. 그러나 돌아보니 그것은 예배가 아니라, 내 한풀이에 불과했었다는 생각이 들었다. 하나님께 올려드리는 찬양이기보다는, 자기 연민에 취해서 부른 노래고, 나를 위한 눈물이 아니었을까……

그러나 그런 이기적인 몸부림일지라도 하나님의 이름을 부르며 찬양하는 나의 모습을 하나님은 보셨고, 무의미하게 여기지는 않으셨으리라 생각한다. 왜냐하면 내 삶에 언제나 하나님이 함께하셨음을, 나를 돌보셨음을 그때는 믿지 않았지만, 지금은 알기 때문이다.

1장

자살의 늪 2

부서진 꿈

내가 속한 이 가정에서 하루빨리 벗어나고 싶었다. 난 꿈이 있었다. 무엇보다도, 사랑하는 남자를 만나서 결혼하고, 예쁜 가정을 이루고 사랑받고 사랑하며 살고 싶은 소망이 있었다. 새로운 가정을 이루면 아빠와 오빠에게서 벗어날 수 있는 것이다. 결혼은 인간이라면 누구나 가질 수 있는 자연스러운 꿈이 아닌가? 때때로, 이 소원은 가난하고 불안정한 가정 환경에서 살아갈 힘이 되어주기도 했다. 사랑이 고팠던 어린 소녀의 소망이었다. 그런데 이 꿈이 산산이 부서져 내린 한 사건이 있었다.

중학생이 되자, 체육복 반바지를 입지 못한다는 이야기를, 엄마가 아니라 내가 직접 체육 선생님을 찾아가서 말씀을 드려야 했다. 1학년 때, 온갖 걱정을 몇 일째 하다가, 심장이 터질 것 같은 마음으로 체육 선생님을 찾아가서 말씀을 드렸을 때, 선생님은 유쾌한 표정을 지으시며 흔쾌히 허락해 주셨다.
그런데 2학년 때 체육 선생님은 너무 많이 달랐다. 어려운 마음을 다잡고 찾아가서 말씀을 드렸는데, 선생님은 대뜸 대답하셨다.

"어디 한 번 보여줘 봐!"

믿지 않는 듯한 표정 반에, 흥미로운 표정 반, 그리고 무시하는 듯한 건성의 말투로 말씀하셨다. 허락을 받으려면 보여주라 하시는데, 어쩔 수 없이 옷을 걷어서 다리를 보여 드렸다. 수치스러움을 느꼈다.

이런 내 기분을 모르신 채로 내 다리를 보신 선생님은 한탄스러운 한숨을 쉬시며 말씀하셨다.

"야아아아, 너는 여자가 이래서 시집은 어떻게 갈래?"

창피함과 수치스러움에 눈앞이 캄캄해졌다. 반바지를 입지 않아도 된다는 허락을 받고, 어떻게 나왔는지도 모르게 교실을 나왔다.

'수치스럽다. 수치스럽다. 수치스럽다.'

정말 뻔한 사실이었을까?

'피부가 이러면 시집을 못 가는구나!'

피부가 이러면 결혼할 수가 없다는 것을 처음 알았다. 망치로 얻어맞은 듯한 충격이 왔다. 빨리 결혼해서 집을 벗어나, 알콩달콩 사랑하며 살고 싶은 꿈이 와장창 깨졌다.

'사랑받고 싶었는데, 사랑받고 싶었는데, 나도 사랑받고 싶었는데…'

살고 싶은 소망이 끊어지는 순간이 되었다.

보여달라고 하신 선생님의 마음은 이해 못 하는 것은 아니었지만, 굳이 그런 말씀은 하지 않았어도 좋았다.

지금 생각해 보면, 그날 그런 말씀을 하든지 말든지 그건 선생님 생각이고, 내 인생은 어떻게 될지 모르니 희망을 품어도 된다고 말할 수 있는, 내 내면의 소리가 있었다면 나는 무너지지 않았을 것이다. 그러나 태어나지 말아야 했던 내가 태어난 것은 잘못된 것이며, 머리에 똥만 찬 존재이며, 얼른 빨리 죽으라는 메시지만 매일 듣고 있던 나에게는 그런 긍정적인 힘이 한 개도 있지 않았다.

초등학생 때도 죽고 싶다는 생각은 드문드문했었지만, 본격적으로 진지하게 사는 것보다 죽는 것에 마음을 두게 된 날은 그날부터였다. 이 인생 어서 끝내고 죽어야겠다고 생각했다. 될 수 있으면 빨리 죽어야겠다고 생각했다. 사는 게 너무 괴로웠다. 학교에서도, 집에서도.

죽기를 결심하고

다행히도 내가 중고등학교에 다닐 때는 교복이 없어지고

자율화되는 분위기였다. 내가 다니게 된 여자중학교에서는 특이하게도 여름에만 교복을 입게 했다. 산 넘어서 산이다. 체육복을 해결하고 나니, 이번엔 교복이다.

학교 규정이 비교적 엄격한 편이여서, 머리카락은 짧아도 길어도 안 됐다. 무용부를 제외한 전 학생들은 귀밑으로 2센티미터를 넘지 않는 단발머리를 해야 했다. 그런 학교에서, 치마 밑에 무릎까지 오는 양말이라니, 그건 말도 안 됐다. 아침마다 흰 반점에 살색 파운데이션을 발랐다. 그리고 살색 스타킹을 두 겹을 신었다. 여름에 시원해지라고 입는 교복 치마를 입기 위해서, 살색 스타킹을 두 겹을 신었다. 그렇다고 흰색 얼룩이 가려질 리는 만무했다. 나는 일부러 끈이 긴 도시락 가방을 샀다. 도시락 가방끈을 길게 늘이고 팔을 쫙 펴서 내리면 도시락 가방으로 종아리를 가릴 수 있었다. 서 있을 때는 물론이지만 걸을 때도 그 상태로 걸었다. 걸을 때마다 종아리가 가방에 부딪쳤다. 여름철 내내 매일매일 하루에도 수백 번씩 가방의 밑바닥을 두른 단단한 비닐 가죽이 다리의 똑같은 부위에 부딪히니 피부에 멍이 들었다. 교복을 입고 걸을 때마다, 멍든 곳을 가방으로 계속 때리다 보니 너무 아파서, 걷는다는 것이 고통스러운 시점이 왔다. 교복을 입고 스타킹 때문에 더 더워서 땀을 흘리며, 멍들어서 아픈 다리를 데리고 걸으면서 가방으로 콩콩 맞아가며 생각했다.

나는 하나님께 다른 질문할 것도 많았지만, 만약 천국에 가서 하나님을 만난다면, 이건 꼭 물어보자고 어린 마음에 매일 다짐을 했다.

너무 아프다고. 다리가 멍들어서. 왜 나한테 이러시냐고, 내가 얼마나 아픈지 아시냐고. 이 몸뚱이 데리고 사는 게 너무 힘들다고. 꼭 이렇게 하셔야만 했냐고. 다들 얼마나 예쁜데, 나한테만 왜 이러시냐고……등등 말이다.

죽기로 작정한 이상, 시기가 중요했는데, 중3 때는 하나님께 협박 비슷한 기도를 하고 있었다.

'교복을 입는 고등학교에 배정되면 고등학교 입학하기 전에 죽을 거예요.'

나는 심각했고, 더 이상 파운데이션 바른 다리에 스타킹 두 겹을 신고 학교에 다닐 수 없다며 울었다. 내 협박 기도는 통했는지 자율복을 입어도 되는 여자고등학교에 입학했다. 살아갈 시기가 연장됐다.

빨리 죽을 수 없는 또 하나의 이유는 엄마의 소원 때문이었다. 엄마는 중고등학교를 못 다니셨는데, 십 대 때에 또래 여학생들이 세라복을 입고 학교에 다니는 모습이 너무 부러웠다고 한다. 그래서 딸을 낳으면 교복을 이쁘게 입혀서 고등학교에 보내고 싶었다고 하셨다.

나는 엄마의 소원을 전부 이루어 드릴 수는 없었다. 일단 교복을 입지 않는 학교에 들어갔고, 또 나는 치마를 입는 것이 불가능하니까. 그렇지만 엄마를 위해서 고등학교는 다녀줄 수 있었다. 그래서 고3 졸업 때까지는 참고 살아보기로 했다. 그러나 마음처럼 쉽지 않았다.

밤이면 밤마다 간절하게 기도했다. 내일 아침엔 눈을 뜨지 않게 해달라고.

그러나 어김없이 아침에 죽지도 않고 또 눈이 떠지면, 기도가 이루어지지 않았다는 슬픔과 이 하루를 또 어떻게 견디어내야 할지 몰라서, 이 삶의 짐이 너무 무거워서 울었다.

초등학교에 입학하기 전부터 머리를 염색했으니, 고등학생이 되었을 때는 염색을 시작한 지 10년이 넘은 시기였다. 너무 어릴 때부터 염색을 시작해서인지 아니면, 염색약이 독해서인지 모르지만, 두피가 이미 헐어가고 있었다. 헐고 헐어서 곳곳에서 붉은 피가 흘렀다. 가렵기도 해서 두피를 파헤쳤고, 상처는 나을 새가 없었다. 따뜻한 물로 머리를 감아도 찬물로 머리를 감아도 쓰리고, 아파서 봄, 여름, 가을, 겨울, 계절에 상관없이 머리를 감는다는 게 고통이었다. 샴푸를 하고 머리를 말리고 빗질하는 것이 고통이었다. 머리카락을 만져도 아팠지만, 가만히 있어도 두피가 아팠고, 바람에 머리카락이 날리면 더 쓰리고, 아팠다.

'내가 죽지 않고 산다면, 나는 이 아픔을 참고 끝까지 살아갈 수 있을까?'

내 질문에 내가 답했다.

'아니.'

'나는 앞으로 몇 년이나 이렇게 견딜 수 있을까?'

너무 많이 쓰리고 아픈 날은 울면서 머리를 감고, 언젠가는 염색을 안 하고 살 수 있기를 간절히 기도했다. 그런데도 흰머리는 어김없이 쑥쑥 자랐다.

피가 흐른다고 염색을 멈출 수는 없었다. 흰머리가 보인 채로 집 밖을 나간다는 것은 상상해 본 적도 없었다. 여고생으로서 내 마지막 자존심 같은 거였다. 열일곱 살, 열여덟 살, 열아홉 살, 야간자율학습을 마치고 돌아와서, 피곤함에 젖은 몸으로 늦은 밤에 혼자 욕실에 서서 염색약을 바를 때면, 두피가 상처에 소금을 치듯이 너무 쓰리고 아파서 울고, 내 신세가 몸서리치도록 서러워서 울었다.

죽음의 영이 내게 와서

살고 싶어서 사는 것이 아니었다. 그러나 사실은 누구보다도 살고 싶었다. 행복하게.

내 진심과 다르게 죽음의 영은 나를 꽉 붙잡고 있었다.

나는 수업 시간이면 교실에 앉아서 눈은 칠판을 보면서 머리로는 죽음을 묵상했다. 공부는 필요 없었다. 열아홉 살이 끝이니까. 교과서 대신 윤동주의 시를 읽고, 고전소설을 읽었다. 십대선교회에서 성경 말씀 퀴즈가 있을 때는 성경 말씀을 외웠다. 쓸데없는 연애 소설도 썼다. 연습장 가득 청춘일지를 쓰고, 시를 쓰고 그림을 그렸다. 열아홉 살 이후에 내 삶은 없으니까, 미래를 위해 준비할 필요가 전혀 없었다. 그래도 착하고 (남 보기에) 성실하고 책임감 있는 성격이라서 모든 일을 하는 척은 다 했다.

죽음의 영이 나에게 다가와서, 내가 죽어야 하는 이유에 대해 명백하게 속삭여 준 날이 있었다. 나는 고등학생이었고, 시간은 늦은 밤이었고, 어두웠다. 사실 충격으로 인해 내 기억 속에서 어두워진 건지, 정말 불이 꺼져 있었는지는 모르겠다. 잘 시간이 다 됐는데, 큰오빠가 문득 내 방의 문을 열었다. 몸이 반쯤 보였는데, 내가 못 들을 까봐서인지 분명하고 똑똑하게 말했다.

"야, 너는, 커서 창녀나 돼라. 알았지?"

이 말을 하고 문을 닫고 떠났다.

나는 그때는 정확하게 창녀가 뭔지는 몰랐지만, 어렴풋이는 알고 있는 듯했다.

친오빠라고 하는 놈이 아무리 동생이 원수처럼 미워도 할 소리가 있고, 하지 말아야 할 소리가 있는데, 어떻게 그런 말을 할 수 있는가에 대해서 분노하는 것도 잠깐이었다. 이런 말을 들어야 하는 것이 너무 서러웠다. 그런 미움을 받는 것도 서러웠다. 그러나 내 서러움은 다른 방향으로 옮겨갔다.

나는 정말 이번에야말로 오빠 말대로 해 주겠노라고 크게 결심하고 짐을 싸려고 했는데, 갑자기 벼락이라도 맞은 듯 멈추고 주저앉았다.

나는 문득, 내가 피부병이 있는 사람인 것을 깨달았다. 20일마다 길어 난 흰머리를 염색해야 하고, 흰 반점이 온몸에 드문드문 퍼져있는 나는, 사창가에서도 받아줄 수가 없는 거였다. 나는 앉아서 엉엉 울었다.

"이게 뭐야! 창녀도 될 수 없는 몸뚱이라니!"

나는 나와 내 삶이 너무 거지같고 서러워서 엉엉 울었다.

몇십 년 동안, 아주 오랜 시간이 지나도록 나는 그날의 오빠를 용서할 수가 없었다.

'사람이 어떻게 그런 말을 할 수 있었을까? 그것도 친동생에게.'

그러나 지금은 다르다.

그날, 그 밤에 입을 열어 그 말을 한 사람이 진짜 오빠였을까? 아닐 것이다. 오빠를 이용해서 나를 더 괴롭히려는 악마의 수작이었다고 생각한다. 나를 죽음으로 몰고 가려고 더 다그치러 온 죽음의 영이었다고 생각한다. 그게 맞을 것이다.

하나님을 버리고

처음부터 엄마와 아빠는 대학교에 나를 보낼 생각이 없으셨다. 아들 둘을 대학교에 보내는 것만으로도 힘드셨으니까. 딸은 고등학교만 나와서 적당한 곳에 취업해서 집에 돈을 보태주기를 원하셨다. 나는 미술을 공부하고 싶었다. 그림을 그릴 때 행복했다. 대학도 못 보내는데, 미대 공부라니 어림도 없어서 포기시키셨고 나도 포기했다. 공부를 안 했으니 엄마 아빠의 원대로 대학에 떨어졌다. 당연한 결과였다. 나도 곧 죽을 거라서 대학에 별로 관심이 없었다.

그래도 대학에 떨어지고, 갈 곳을 잃고 힘없이 앉아 있는 모습이 안쓰러워 보이셨는지, 대학 문턱이라도 밟아보라시며 전문대에 보내주셨다.

대학교에 두 달을 다니고 나서 교통사고가 났다.

집에서 조금 먼 곳으로 교회를 다니고 있었는데, 교회에 가는 도중에, 좁은 도로에서 길을 건너던 나를 발견하고도 속도를 줄이지 못한 택시가 나를 치었다. 나는 의식을 잃었다. 택시 기사는 아주 조그마한 사고처럼 말했다. 그러나 작은 사고가 아니었다. 엄마로부터 내게 거울을 보지 말라는 금지령이 내려졌다. 그러나 얼마 뒤 거울에 비친 내 모습을 보고 말았다.

얼굴이 깨지고 풍선처럼 부풀어 올라와 있었다. 누군지 알아보지 못할 정도였다. 얼굴을 성형수술 해야 한다면 하자고 이야기가 오고 갔다.

오른쪽 무릎은 깨졌고, 왼쪽 다리에는 금이 갔고, 엉덩이 허리 할 것 없이 다 틀어졌다. 그러나 나는 겨우 2주 진단을 받았다. 가난하고 배운 것이 없는 엄마 아빠는 변호사를 선임해서 싸울 엄두를 내지 못하시고, 가슴앓이만 하셨다. 두 달을 입원했다.

걸을 수 있게 된 것에 대해 감사했다. 성형수술을 하지 않고도 얼굴이 돌아온 것만으로도 감사했다. 하나님이 기적을 베풀어 주신 거라고 생각은 했지만, 나는 더 이상 교회에 다니지 않기로 결심했다.

교회에 가다가 교통사고가 났으니, 교회를 절대 가지 말라고 아빠는 호통을 치셨다. 딸의 몸이 망가졌는데도, 의사와 보험사가 짜고 치는 사기 속에서 어찌할 수가 없어서, 부모로서 무능력하심에 대해 고통스러워하시는 모습을 보고, 너무 마음이 아프고 죄송해서 나도 하나님을 더 이상 믿고 싶지 않아졌다. 십대선교회를 결석 없이 목숨처럼 충성해서 사랑하며 다녔고, 교회도 열심히 출석했고, 때론 혼자서 부흥 집회도 하고, 그렇게 기도하고 의지했는데, 하나님을 믿으나 믿지 않으나 같았다. 아니, 더 못한 상황만 되었다.

여전히 우리 집은 가난하고, 아빠는 술을 한 모금도 줄이지 않으셨으며, 큰오빠의 나를 향한 갈굼은 더 심해지기만 했다. 그리고 내 백반증은 낫지 않았다. 그렇게 제발 낫게 해 달라고 기도해도 고쳐주시지 않았다. 고통스러운 순간에도 살고 싶어서 한 번만 나타나서 보여 주시라고 해도 단 한 번도 보여주지 않으셨다. 정말 살아계신 하나님이심을 보여주시면 이 모든 고통을 다 견디어 낼 수 있을 것 같다고 그렇게 울어도 모른 척하셨다. 결국은 교회에 가다가 교통사고가 났어도 돌보지 않으시는 하나님! 백반증이라는 피부병도 부족해서 자근자근 씹어지듯 다친 몸은 예전의 몸으로 돌아갈 수 없었다.

하나님이 계신다면 이럴 수가 없고, 살아 계신다고 해도 내게만 이러시는 하나님은 더는 필요 없었다. 다른 애들에게는 다 주셨으면서 내게만 인색한 하나님을 더 이상 기대하고 싶지 않았다. 기대하며 믿었던 내가 바보 같았다.

달콤한 유혹, '죽어!'

교회를 끊어버리고, 하나님을 정리했다. (내가 정리한다고 해서 정리될 분이 아니시지만, 아무튼 정리했다)

더 이상 찬양을 부르지도 듣지도 않았다.

아무렇게나 살아보기로 마음도 먹었다. 세상에 몸과 마음을 던져보기로 했다. 그러나 왠지 내 색깔은 섞이지 않는 물감 같았다. 세상 친구들과 함께 다녀봤지만, 담배도 술도 그런 분위기도, 맞지 않는 옷처럼 도무지 어울릴 수가 없었다.

그런데 한 가지 흠뻑 빠지게 된 것이 있었는데, 음악이었다.
그때 당시 파격적으로 유행했던 그룹의 테이프를 사서 밤
낮없이 들었다. 정말 좋아했다. 노래는 심장보다 더 깊숙한 곳
으로 들어와서 내 모든 생각과 감정을 사로잡았다. 나는 이 음
악으로 인해서 살 수 있는 힘을 얻고 있다고 생각했지만, 사
실 영적으로 보면 정반대였다. 나의 전부를 빼앗기고 있었다.
나는 아주 어릴 때부터 깊은 우울증 환자였다. 그때 당시
에는 우울증이라는 병명도 생소했지만, 나중에 생각해 보니,
나는 우울의 영과 죽음의 영에 둘러싸여 있었다. 이 음악은 나
를 우울의 늪으로 더 깊게 잡아당기고 있었다.
교회에 다니고 예배를 드리는 생활을 할 때는 그래도 하나
님의 보호하심이 있었지만, 하나님을 떠나겠다고 말하고 내
삶에 예배가 없어지니, 아무런 방해 없이 우울의 영과 죽음의
영이 더 강하고 더 깊숙하게 나를 사로잡을 수 있었다.

하나님을 떠나고 딱 1년 후에 나는 자살을 시도했다.
어느 날 눈을 감으니 평화로운 산꼭대기가 보였다. 산꼭대
기보다 더 높은 위치에서 산 정상을 내려다보고 있었다. 산도

산의 주변도 밝고 맑은 날씨 덕분에 더 아름다웠다. 산꼭대기는 조금 평평했는데 그곳에 내 무덤이 있었다. 무덤은 투명해서 무덤 안에 있는 내 관을 볼 수 있었고 관 속에 누워있는 세상 편안한 내 모습을 보았다. 모든 것은 천연색 색채로 아름답고 평온해 보였다. 그것을 보는 동안 내게 속삭여지는 메시지가 있었다.

"죽으면 다 끝인 거야. 누가 그래? 지옥과 천국이 있다고? 다 지어낸 말이야. 그걸 믿지 마. 바보들이나 믿는 거야. 죽으면 다 끝인 거야. 아무것도 없어. 이젠 고통도 없고, 걱정도 없어. 이 세상에서 있었던 모든 것들이 다 끝나. 너는 아무것도 모른 체 편안하게 잠들 거고, 한 번 잠들면, 너의 존재가 이 세상에 있었는지 없었는지도 모르게 그냥 모든 것이 끝나는 거야."

평화로움이 물밀듯이 밀려왔다. 이 장면과 메시지가 맞다는 확신이 생겼다. 내가 그동안 얼마나 어리석었는지 알았다. 그동안 망설이면서 그 고통을 참아왔던 것이 후회막심이었다. 그만 갈등하고 이 지긋지긋한 인생을 끝내버리자고 결심했다. 처음으로 마음이 가벼워졌다.

자살의 진짜 이름, 살인

집에 가서 부모님을 보면 결심이 무너질 것 같아서, 밖에 나온 김에, 자살하면 안 되는 장소에서 자살을 시도했다. 자살해도 되는 장소란 없겠지만 말이다.

몇 년을 다짐하고 계획했었지만, 당일이 될지는 나도 몰랐던 즉흥적인 행동 개시였다. 내내 농약을 찾았지만, 시내에서 농약을 살 수가 없었다. 그래서 내가 아는 것 중에 가장 독한 것을 사서 마셨고, 마시는 걸로 쉽게 끝나지 않자, 몸에 상처를 냈다.

마시자마자, 위가 펌프질하듯 크고 빠르게 움직이며 삼킨 것을 토해내려 자발적으로 움직였다.

내 의지가 아닌 몸이 반응하는 본능이었다. 처음으로 내 몸과 내가 분리된 존재임을 알게 된 순간이었다.

심장이 놀라서, 아니 온몸이 놀라서 몸의 모든 기관이 들고 일어난 것 같았다. 심장 소리인지 맥박이 뛰는 소리인지 그 소리가 너무 커서 귀의 고막이 터질 것 같았다.

내 심장이 세상에서 가장 무서운 일을 만난 듯이 날뛰었다. 너무너무 너무너무 무섭고 두려웠다.

'뭔가 잘못됐다. 죽는 게 이런 건가?'

나는 단지 내가 죽는 것일 뿐이라고 생각했었는데…나는 나니까 내가 죽는 건데…

나는 그냥 목숨이 끊어지고 사라지는 것인 줄 알았는데…

그게 아니라, 나는 나를 죽이는 살인 행위를 하고 있는 거였다.

파리나 모기 말고는 죽여 본 적도 없는 내가…

남에게 1mm의 상처도 내본 적이 없는 내가…

순간, 살인해야 하는 살인자가 되어야 했다.

'자살하는 게 이런 거였어? 죽는 게 아니라, 죽이는 거였어?'

마시기만 하면 다 토해내서 이걸로는 살인이 불가능했다. 나는 다른 방법을 찾아내야 했다. 그러나 내 생각과는 다른 내 몸은, 살기 위해서 살고 싶어서 발버둥 치고 있었다.

다시 살릴 수도, 없던 일로 할 수도 없기에, 이 발악하고 있는 생명을 끝내기 위해서 또 다른 도구를 찾을 수밖에 없었다. 나는 죽이는 데 경험이 없었다.

이토록 내 몸은 날뛰면서 살고 싶어 할 줄은 몰랐었다.

'내 몸은 내 생각과 의지와는 다른 거였구나!'

'나를 보호해 주어야 하는 나 자신이, 나를 죽이려고 하는 이 순간은 정말 비참하구나!'

발에 뜨거운 물이라도 튀면 본능적으로 발을 빼서 피하게 해주는 나는…

뭔가 위험한 것이 얼굴에 날아오면 본능적으로 손을 올려서 얼굴을 가려주는 나는…

내 몸의 유일한 보호자이자, 나를 사랑해 주어야 하는 나였다.

그런 유일한 보호자에게 생명을 빼앗기게 된 나는 너무 놀라고 비참해했다.

내 몸은 살고 싶어 했으나, 이 살인자로부터 도망갈 수가 없었다.

나를 내가 죽이는 것은 절대로 해서는 안 되는 일이었다. 그것을 너무 늦게 깨달았다.

돌이킬 수 없이 너무 늦었다는 것을 알았다. 이미 몸은 난리가 났다. 하나님께 무슨 말을 하기도 했다. 정확하게 기억나지 않는다. 내 정신은 더 난리가 났었으니까…

기억나는 것은, 나를 죽이는 것이 이런 건 줄 몰랐다고 후회하고 있었다.

그러나 이미 늦었다는 걸 알았다.

내 몸에게 너무 미안했다.

나는 도대체 왜 그 오랜 시간, 이 짓을 하고 싶어 했을까?

나는 사실은 살고 싶었다. 나를 죽이는 나도…

사실은 너무 살고 싶었다.

누구에게도 손 내밀 수 없을 때, 하나님이 계셨겠지만…

난 이미 하나님의 손을 놓아버린 지 오래되었고…

난 악한 영들의 밥이 되어있었음에 틀림없었다.

그들은 이리떼처럼 몰려들어 스스로 나를 죽게 하고, 자기들의 오랜 계획이 성취되었다고 기뻐했을 것이다.

나는 바보처럼 속아서 그들의 사냥감이 되었고 먹잇감이 되었으니, 하나님께 죄송할 뿐이었다.

그 난리 속에서, 의식이 희미해져 가며 끝까지 생각나는 것은 엄마와 가족이 아닌, 나와 하나님이었다.

다행과 막막함 사이 어디쯤 남아서

하나님은 긍휼함이 많으셔서, 기적처럼 나를 건지셨다.

난리가 난 곳에 뜻밖에 사람을 보내셔서 발견되게 하셨다. 그에겐 우연이었지만, 나는 하나님의 은혜였음을 안다.

나는 살았다.

나는 살았다.

살 소망이 전혀 없는데 살아버렸다.

그런데 다행이었다.

내 속에 어디선가 말하고 있었다.

자살은 안 된다고 말해야지.

자살은… 살인이라고 말해야지.

살인자가 돼서 바로 지옥에 가는 거라고 말해야지.

나같이 파리, 모기 정도밖에 죽여본 적 없는, 순둥이들이 자살을 더 꿈꿀 것이다.

남에게 피해 줄지도 모르고 혼자서 끙끙 앓으며 사는 착한 순둥이들이, 더 많이 택할 것이다.

"파리나 모기와는 비교도 안 되는 이 큰 인간… 자기만을 믿고 의지하며 살아가는 자기 몸… 이 생명을 스스로 죽이는 것은 살인이다. 무서운 살인이다."

그렇게 말해 주고 싶었다. 자살해야겠다고 생각하고 있는 사람들을 향해서.

"꼭 살아야 해요! 살아남아야 해요! 자살은 절대 하면 안 돼요!"

꼭 그렇게 말해 주고 싶었다.

그런데 기적처럼 생명을 건진 나는, 그 다음엔 해줄 말이 없었다.

소망이 없는데 살아서 뭐 하냐고…

앞이 캄캄한데 어찌 사냐고…

목숨은 건졌지만, 달라진 게 없었다.

건강만 더 잃었지,

비참함은 여전했다.

'그래도 교훈은 얻었지.'

'자살은 안 돼.'

'절 대 금 지.'

그러나 우울은 더 깊어지고

자살을 꿈꾸던 나는 이제,

빨리, 이 정해진 수명이 다하는 날이 오기를 꿈꾸게 되었다!

2장

신부 1

후유증이 남긴 것들

교통사고는 한 번이었지만, 후유증은 영원한 것이었다. 비가 오기 전이면 비가 올 것을 예상할 수 있는 쑤시는 다리가 되었다. 온몸이 안 쑤시는 곳이 없었다. 날이 궂으면 더 아팠다. 외출하고 돌아오면 아무것도 못 하고 뻗어서 누웠다. 다쳤던 코는 찬바람이 들어가면, 물을 부은 듯이 매웠다. 잠을 잘 때는 턱뼈와 치아가 마치 압력기로 누르듯이 조여지듯 아파서 고통 때문에 일어나는 날이 많았다. 얼굴 전체의 뼈가 아팠다. 특히 추워지는 날씨에는 더 아팠다. 죽으려고 마셨던 물질이 위에는 독이 되어서 쉽게 회복되지 않았다.

공부를 안 했던 내가, 공부가 재미있어진 것은 자살을 시도하고 목숨을 건진 후였다. 이제 스스로 죽을 일도 없고 공부가 너무 하고 싶어졌는데, 대학 편입이란 말은 꺼낼 수 없는 단어였다. 집안 형편을 뻔히 알기에 돈을 벌어야 했다.

몇 년 동안 몇 번의 취업을 했지만, 체력이 되지 않아서 매번 백수로 돌아왔다. 감사하게도 어디를 가나 계속 일해 주길 원하셨다. 왜냐하면 나는 아파도 몸이 부서지라 열심히 일하는 여자였다.

체력도 체력이지만, 나에게 사회생활에 문제점이 있다는 걸 알았다. 남자에게 어려움을 느꼈다. 남자들 앞에서는 머리가 백지장이 되고, 몸도 굳으며 입이 붙었다. 너무 어려웠다. 그래서 일부러 남자들과 거리를 두게 되었다. 싫어하는 것은 아니었다. 그러나 세상의 반인 남자를 피해 다니고 있었다. 그렇다고 백수가 되어 집에 있으면, 집이 편한 것도 아니었다. 집에서는 하루라도 빨리 나가서 돈을 벌어오길 원하셨다.

세 사람이 소개해 준 한 교회

교회를 가다가 교통사고가 있고 나서, 하나님을 떠난 지 2년 정도가 지났을 때였다. 꿈에서 몇 번 귀신이 출연했다. 소름이 돋았다. 어느 날엔 꿈이 너무 생생해서 그날부터는 도저히 혼자서 집에 있을 수가 없었다. 말 그대로 소복 차림에 긴 머리를 한 귀신이 방을 걸어 다니고 있는 꿈이었는데, 내가 집에 어디에 있든지 그 귀신이 등 뒤에서 걸어 오고 있는 것 같아서 살 수가 없었다. 또, 꿈에 귀신이 나올까 봐 잠을 자는 것도 무서웠다. 끊었던 교회가 생각이 났다. 주일 예배는 정식으로 나가는 것 같아서 가기가 싫었고, 지나다니는 길에 있는,

조금 큰 교회의 수요 저녁 예배에 나갔다. 하나님이 그리워서가 아니었다. 귀신을 보기 싫어서였다. 귀신을 떼어내려고 다시 교회에 나가기 시작했으니 생각해 보면, 그게 진짜 귀신이었는지 아니면, 하나님이 보내신 귀신 코스프레를 한 천사였는지 모르겠다. 어쨌든 진짜 귀신이었다면, 계략이 실패한 거라 웃겼다.

그 무렵 나는 작은 회사에 다니고 있었는데, 역시나 몸이 아주 좋지 않았다. 피부병에, 교통사고 후유증에, 이젠 위도 좋지 않았다. 우울증으로 정신력도 최악이었다. 귀신이 무서워서 수요 예배만 가끔 나가고 있었지만, 다시 하나님을 믿자 한 건 아니었다.

나는 그해 일 년 동안에 세 사람에게 같은 교회를 소개받았다. 세 분은 서로 모르는 사이이고, 다들 똑같이 그 교회 교인은 아니라고 했다. 처음 말씀하신 분은 기억나지 않지만, 다음 분은 직장 동료였다.

"예신씨는 C교회에 가면 잘 맞을 것 같아. 그 교회에 한 번 가봐요."

세 번째로 권유해 주신 분은, 너무 몸이 안 좋아서 병원에 진료하러 갔다가 만나게 된 의사 선생님이었다.

"지금 살고 있는 곳 가까운 곳에, C교회라고 있어요. 나는 우리 교회에 오라고 하고 싶은데, 우리 교회는 사는 곳에서 멀기도 하니까. 이 C교회가 말씀이 살아있다고 소문이 나 있어요. 거기에 꼭 갔으면 좋겠습니다."

세 번째, 같은 교회의 이름을 듣자, 흔한 상황은 아니라는 생각이 들었다.

'너무 이상하지? 같은 교회를 세 번이나 소개받았네.'

그래도 교회에 대한 마음을 접은 내가 쉽게 동할 리가 없었다.

책에서 발견한 소망

어느 날, 방바닥에 누워서 빈둥빈둥 구르고 있는데, 책장에서 생소한 어떤 책이 눈에 들어왔다.

나는 그때 돈이 생기면 중고 책방에 들러서 고전 소설을 사다가 모으고 있었고, 작은 오빠는 신앙이 좋아서 신앙 서적을 사들이고 있었다. 매일 보는 책장에 그런 책이 있는지도 몰랐는데, 그날은 그 책이 눈에 들어오고, 나는 자석에 이끌리듯 책을 뽑아 들었다. '길은 여기에'라는 책 제목이었는데, 그 유명한 '빙점'을 쓴 작가라는 것이 호기심을 자극했다. '미우라 아야코' 작가의 첫 자서전이자, 간증책이었다.

순식간에 책을 읽었다.

하나님의 살아계심이 눈에 보이는 생생한 간증이었다. 폐결핵과 척추 카리에스 진단을 받고 13년 동안 침대에 누워 아무것도 할 수 없었던 미우라 작가가 기적적으로 병에서 치유되었다는 것은, 내 몸도 나을지도 모른다는 희망을 주었다. 그러나 그보다 더 나를 자극한 것은 미우라 작가에게 복음을 전하고, 하나님을 알게 한 미우라 작가의 연인, '다다시'라는 분이었다. 다다시 씨가 마치 예수님 같아서 동경하게 되었고, 다다시 씨가 믿는 하나님이라면 나도 다시 한번 믿어보고 싶다는 강렬한 열망이 생겼다.

'다다시 씨 같은 사람이 순도 백과 같은 순전한 사랑으로 그렇게 믿는 하나님이라면, 정말 뭔가가 있기 때문이 아닐까?'

그의 특별한 믿음이, 다시는 하나님을 믿지 않겠다고 결심했던 나를, 하나님을 다시 믿어보고 싶은 마음을 갖도록 부추기고 있었다. 그리고, 연약한 육체로 결혼까지 한 미우라 작가를 보면서, 나 같은 여자도 결혼할 수 있을지도 모른다는 실낱같은 희망이 생겼다.

당시에 엄마와 아빠는 아예 내가 결혼을 할 수 없을 거라고 믿고 계셨다. 흰 반점으로 얼룩진 피부에다가 흰머리에, 교통사고까지 나서 골골하는 딸이 결혼과는 거리가 멀다고 생각하셨다. 결혼한들 애를 낳고 키울 수 있는 몸이 안 될 것으로 생각하셨다.

엄마와 아빠는 당신들이 살아계실 때까지 나를 옆에 두었다가, 당신들이 이 세상에 없어도, 입에 풀칠은 할 수 있도록 작은 가게라도 차려주고 떠나자고 생각하고 계셨다. 나도 '그렇게 평생 혼자 살다가 죽게 되겠구나.'라고 생각했다.

그런데 '미우라 아야코' 작가의 간증책을 읽으면서 혹시, 나에게도 결혼이라는 기회가 있을지도 모른다는 믿을 수 없는 희망이 움트게 되었다.

세 사람에게 소개받았던 그 교회에 가보기로 조심스럽게 마음을 고쳤다.

예비하신 교회에

12월의 첫 주 주일은 눈이 무릎까지 차오르게 내렸다. 온 세상이 하얗게 덮여있었고, 맑고 찬란한 하늘에서 천사의 빛과 같은 햇빛이 비치니 온 세상이 눈부시게 반짝였다. 교회에 나가기로 결심한 나를 하늘과 땅이 축하해 주는 것 같았다.

지난 저녁엔 없었던 눈이 이렇게 쌓여있는 걸 보니, 이 교회가 하나님께서 나를 위해 예비해 두신 교회임을 확인시켜 주는 것 같아서 흥분되었다.

첫날부터 그렇진 않았겠지만, 들으면 들을수록 목사님의 말씀은 복음 잔치였다. 시골에서 농사를 지으시다가, 설교가 너무 하고 싶으셔서 돌들을 주워다가 앞에 앉혀 두고 설교를 하셨다고 한다. 목사님은 복음이 뭔지도 모르는 나 같은 돌에게 복음을 전하셨다. 이전에는 들리지 않던 말씀이 들렸다. 주일 오후에는 찬양 예배로 드렸는데, 고등학생 때 다녔던 십대 선교회를 능가하는 악기들과 연주, 훌륭한 찬양팀에 영상팀, 화려한 율동팀까지 갖춘 그야말로 지방에서는 흔히 볼 수 없는 세련되고 뜨거운 예배를 드렸다. 말씀과 성령이 균형이 잡힌 교회였다. 성도 간의 따뜻한 교제가 충만한 교회였다. 교회에서 성령님이 춤을 추시니, 나도 성령님을 처음으로 경험하는 일이 일어났다.

하나님은 교회에 출석하고 얼마 안 되어 너무나 소중한 영적 엄마와 같은 멘토 언니를 선물해 주셨다. 언니는 하나님과 친밀하고, 특별했다. 그 시절에는 시국이 그런 때인지라, 대학생들의 데모가 끊이질 않았었는데, 언니는 고등학생 때 아침에 등교하는 중에, 바로 옆에서 최루탄이 터져서 온몸이 다치는 사고를 당했다. 타고 터지고 찢어진 몸으로 생명이 위독한 고비를 몇 번이나 넘으며 온몸에 수술을 수도 없이 많이 받았다. 언니는 그 사고로 한 쪽 눈을 잃어버린 상태였다.

유교를 믿는 집안이었던 언니는 죽음의 위기 앞에서, 죽기 전에 모든 종교에 관해 다 책을 팠다고 한다. 그리고 꿈에서 환상으로 예수님 같은 분을 보고 깨어나, 한 번도 읽어본 적이 없었던 성경책이란 것을 찾아서 읽으며 진짜 진리인 예수님을 알게 되었다고 했다.

내 피부병 같은 것은 언니 앞에서는 아픔도 아니었다. 나는 처음으로 내 피부병의 가벼움을 알았다. 언니 앞에서는 이 정도는 아무것도 아니었다.

나는 틈만 나면 내 아픔을 하나님께 고하며 위로받고 싶어 했다. 그런데 하나님은 나를 이 아픔에서 위로해 주지 않으셨다. 아기 새를 높은 곳에서 떨어뜨리는 독수리 어미처럼, 내 눈앞에는 언제나 나와 비교할 수 없을 만큼 큰 사고를 당한 사람들을 보이게 해 주셨다. 그래서 내 신음은 엄살처럼 들리게 하셨다.

내겐 너무 가혹하지만,

"예신아, 이건 아무것도 아니야!"

이렇게 격려하듯 대하시는 것 같았다. 그럼에도 불구하고 마음속 깊숙한 곳에 숨겨진 간절한 제1의 기도 제목은 피부병의 치유였다.

원망할 수 없는 내 엄마

엄마는 내가 집에서 쉬는 꼴을 못 보셨다.

단 하루도 쉬도록 두지 않으시고, 대학생 때는 방학 시작날부터, 직장을 다니면서는 백수가 되는 첫날부터 가게로 나를 나오라고 하셨다. 우리는 작은 분식집을 했는데, 점심 장사를 위해서 나를 고정 알바로 쓰셨다. 점심 장사는 밀물과 썰물 같다. 손님들은 한꺼번에 와서 한꺼번에 빠진다. 정신없는 밀물 장사는 설거지통 속에서 손에 물이 마르질 않게 했고, 타고난 피부가 약한 나는 손가락에 습진이 생겨 껍질이 벗겨져서 피가 나도, 장사를 도와야 했다. 그보다 가장 싫었던 것은 소주 이름이 크게 적힌 앞치마를 두르고, 큰 쟁반에 음식 그릇을 놓고 배달을 가고 오는 일이었다. 자존감이 바닥으로 무너졌다.

나는 못 된 딸이었다. 오빠들은 집에서 쉬게 해주고, 가게 일이나 집안일은 나만 시키니, 불만이 많았다. 딸은 손가락이 닳아서 피가 나도 일을 시키고, 큰오빠는 손가락 하나 움직이지 않게 곱게 곱게 키우시니까. 또 오빠들은 집에 쌀이 떨어졌는지, 돈이 떨어졌는지, 아무것도 모르게 키우시니까 말이다. 나는 엄마 옆에서, 엄마가 손님들에게 어떻게 대우받는지, 아침부터 밤까지 얼마나 고생하는지 다 보는데, 오빠들은 한 장면도 엄마가 어떻게 일하시는지, 어떻게 돈을 벌고 계시는지 본 적이 없었다.

나는 못 된 딸이었다. 이 나이에 앞치마 두르고 배달이나 시키는 엄마가 너무 미웠다. 반항 아닌 반항도 했다. 심지어 그 시간에 식당에 오는 이들 중엔 내 나이 또래의 여자들도 있었다. 내 모습이 너무 창피했다. 나는 정말 생각이 비뚤어진 여자였다.

그렇게 볼멘 얼굴과 심정으로 살던 어느 날, 장사하시는 엄마를 가만히 지켜보다가 갑자기 마음이 아파서 울었다.

'엄마는 엄마 나이에 이렇게 장사하며, 앞치마 두르고 배달하고 싶으실까?'

누구를 위해서 우아함을 버리고, 앞치마를 두르고 악착같이 한 푼이라도 더 벌어야 한다는 생각만 하게 되셨을까? 자신을 위해서가 아니었다. 자식들 키우겠다고 창피함도 고단함도 자존심도 다 버리신 거였다. 생각을 바꾸니 젊은 내가 더 배달도 가고, 젊은 내가 더 엄마를 도와드려야겠다는 철이 조금 들었다.

아빠도 엄마를 잘 도와주셨다. 출근을 안 하시고 집에 계신 날은 가게 정리를 하시는 것을 도우러 가셨다. 쓰레기도 버려주시고, 청소도 하셨다.

그러던 어느 날 한 번은 아빠와 엄마가 엄청나게 싸우신 날이 있었다. 아빠는 대놓고 욕을 하셨는데, 요지는 가게에 오는 어떤 손님과 엄마가 바람이 났다는 것이다. 또 시작이었다, 의처증이.

아빠의 의처증은 살아온 세월만큼이나 더 두텁고 견고해져 있었다. 이번엔 심각한 수준이었다. 아빠는 나에게 무섭도록 강력하게 명령하셨다. 가게로 엄마와 함께 출근해서 함께

퇴근하라는 거였다. 나는 감시자가 됐다. 아빠는 고생하는 아내가 보이지도, 불쌍하지도 않았고, 꽃다운 나이인 내가 아깝지도 안쓰러워 보이지도 않으셨다. 아빠만의 세상에 갇히셔서 아무것도 보지 못했다.

사람은 자기만의 눈으로, 자기 틀에 갇혀서 세상을 본다.

모두를 자기와 같을 것이라고, 자기 방식대로 생각하는 것이다.

아빠가 사는 세상은 그런 부류의 사람들이 있었다. 그래서 일반 사람들은 꿈도 못 꾸는 불륜을, 내 아내도 하고 있다고 믿는 것이다. 다른 사람도 아빠와 똑같이 살고 똑같이 생각할 것이라고 믿고 있었다.

세상에 모든 가정이 우리 집과 같을 것으로 생각하며 살다가, 어느 날 친구 집에 들렀을 때, 딸의 젖은 머리를 말려주고 계신 친구의 아빠를 보고 깜짝 놀랐던 것처럼. 다른 아빠들은 우리 아빠와 전혀 다르다는 것을 알았을 때 충격이 컸던 것처럼.

아빠는 바람을 피우지 않는 유부녀가 있다는 것을 알면 충격적인 것이라도 될 것처럼, 엄마의 진실함을 평생 믿지 못하고 사셨다.

교회 안에서 전도 받다

아빠의 의처증으로 인해서 엄마의 감시자로 하루 종일 작은 가게에 묶여서 청춘을 썩고 있었던 나는, 주간과 야간을 교대하며 일하는, 돈을 많이 주는 공장으로 일하러 가겠다고 선언하며 드디어 분식점에서 탈출했다.

사람을 대하는 것, 특히 남자를 만나는 것이 힘들었기 때문에, 사람을 안 만나기 위해서 공장을 선택한 것은 좋은 아이디어였다. 처음엔 서서 다른 일을 했지만, 나중에는 작은 독방 같은 곳에 앉아서 세탁기 안에 들어가는 모터의 소음을 잡는 일을 했다. 몇 년 동안 일한 직원도 컴플레인 때문에 어려워하는 이 일을, 단 한 번의 항의도 들어오지 않게 일했다며 상사에게 칭찬받을 만큼 참 잘했다. 하나님과 나만 아는 비밀이고 은혜였다. 일이 익숙해지자, 컨베이어를 타고 들어오는 모터를 기다리는 동안, 다리 밑에 펴놓은 시집의 시를 한 줄씩 읽어 가며 음미했다. 몸은 깨지듯 아팠지만, 마음은 평안했다.

그래서 공장의 야간 근무 때문에, 토요일에 있는 청년부 예배에 몇 개월 동안 나갈 수가 없었다.

그러던 어느 주일에 오전 예배를 마치고 나오는데, 교회

입구에서 한 청년이 나를 멈춰 세웠다. 그는 내게 대학생이냐고 물어보았다. 아니라고 했다. 그럼, 직장인이냐고 물었다. 그래서 그렇다고 대답했다. 그랬더니 그가 말했다.

"여기 토요일에 청년부 예배가 있으니까, 거기 꼭 한 번 나오세요."

나는 살짝 놀라며 생각했다.

'무슨 일이지? 지금 나한테 청년부에 나오라고 소개하는 거네!'

나는 거의 4년 가까이 청년부 소속이었다. 청년부에서 한 번도 본 적이 없는 청년이, 청년부 예배에 나오라고 나를 전도하고 있는 거였다.

"아, 원래 여기 청년부예요. 지금 일 때문에 토요일에 시간이 안 돼서 못 나가고 있어요."

이렇게 말하면서, 속으로 생각했다.

'이런 붙임성이라니!'

교회 안에서 나에게 청년부 예배를 소개하는 열정적인 사람을 만날 줄은 몰랐다. 가볍게 인사를 마치고 뒤돌아서 교회를 등지고 나오는데, 문득 내 속에서 '결혼'이라는 두 글자가 떠올랐다.

'왜? 뭐지?'

이상하고 너무 똥딴지같아서 얼른 그 단어를 지웠다.

시궁창 같은 내 인생

역시 몸이 안 좋았던 나는 오래 버티지 못하고 공장을 나오게 되었다.

그래서 다시 엄마 가게에 갇혔다. 길이 보이지 않았다. 터널이 아닌 캄캄한 동굴 속에 파묻혀 있는 것 같았다. 아무리 생각해 보아도 내 미래는 보이지 않았다. 고작 며칠 앞날도 보이지 않는데, 서른이나 사십 살은 내겐 오지 않을 것 같았다. 희망이라는 단어나, 소망이라는 단어는 다른 사람에겐 있지만, 나와는 상관없었다.

수많은 명언이 잠시 잠깐 빛을 줬다가 사라졌다.

나는 의처증인 아빠의 억압 속에서, 엄마의 감시자로 살다가 이렇게 그냥 죽을 것 같았다. 지긋지긋한 하루가 지나면, 또 지긋지긋한 하루가 왔다.

'이 식당에서 빠져나갈 수 있을까? 아빠의 굴레에서 벗어날 수 있을까? 이 약한 체력과 다 찢어지는 손가락으로 어디서 무엇을 해서 먹고 살 수 있을까?'

점심 장사가 마무리되면, 엄마와 나는 늦은 식사를 하고 쉬엄쉬엄 저녁 장사를 준비해야 한다. 나는 갇혀 있는 동굴 속에서 음식을 준비하는 일이나 그것을 보는 것이 너무 답답하고 지겨워졌다. 음식을 만드는 것이 고통스러워 보였다. 내가 가게에 잡혀 있는 것이 아빠와 엄마 사이에는 평화를 주었지만, 나는 살아 있어도 죽어 있는 것이나 마찬가지였다.

어느 날, 점심 장사가 끝나고, 울적한 나는 식당 주방에 쪼그리고 앉았다. 아주 오래된 낡은 건물이라서 가게의 주방 바닥에는 시멘트가 깨진 곳이 있고, 물이 내려가는 하수구에서는 역겨운 냄새가 났다. 그 옆에서 쭈그리고 앉아 있으니 시궁창 냄새가 더 진하게 났다. 내 인생이 마치 이 냄새와 같았다.
시궁창 같은 내 인생.
'나는 왜 이런 몸이고, 왜 이런 환경에 있는 것일까?'
이러지도 저러지도 못하는 이 상황이 너무너무 답답하고 죽을 것 같았다. 아무런 빛도 없는 캄캄한 내 미래가 무섭고 서글펐다. 이 비참함을 어찌할 바 몰라서 괴로울 때, 문득 술이 생각났다. 엄마 몰래 냉장고에서 소주를 꺼내서 컵에 따랐다. 시궁창 냄새 앞에서 술을 조금씩 마셨다. 한 모금씩 마실 때마다 어찌할 바 모르게 눈물이 흘렀다.

한숨처럼 '하나님……'을 부르니 입에서 찬양이 흘러나왔다.

"살 아 계 신 주 ~~~~"

아주 조용하고 느리게 느리게 찬양이 나왔다. 술을 마신 입에서도 죄송스럽게 찬양이 흘러나왔다.

뜨겁게 울었다. 소주잔을 들고서 울었다.

'하나님은 과연 계시기는 한 걸까?'

'나도 어떤 길이 있기는 한 걸까?'

'이 시궁창 같은 굴속에서 하나님은 나를 빼 주실 수는 있으실까?'

나는 스물여섯 살이 되어 있었다.

2장

신부 2

눈을 감고 시작된 짝사랑

공장을 그만두고 토요일에 시간이 나니, 다시 교회 청년부로 복귀할 수 있었다. 청년부에 나오지 못했던 동안, 지난번에 교회 입구에서 나를 전도했던 그 청년이 청년부 안에서 제법 중요한 위치에 있었고, 그는 많은 사람들에게 신뢰받고 있었다. 나는 그에게서 이름을 세 번 넘게 소개받았으나, 곧바로 잊어버려서 다른 사람에게 그의 이름을 여러 번 물어봐야 했다. 어찌 된 일인지 그의 이름이 외워지지 않았다. 정말 관심이 없었다.

그러나 그가 하려고 하는 일에는 관심이 생겼다. 그는 '무전 전도 여행'를 준비하는 팀장이었다. 여름방학을 이용해서 청년부에서 전도 여행을 가는데, 일명, '거지 전도'를 갈 거라고 했다. 아무것도 가지고 갈 수 없었다. 성경책과 칫솔만 챙겨서 하나님이 먹여주시면 먹고, 재워주시면 자고, 차를 태워주시면 타고, 안 태워주시면 걸어 다니면서, 돈 한 푼 없이 빈손으로 오직 전도만 하러 간다는 거였다.

아무것도 없는데, 먹이시고 재우시는 하나님을 체험할 수 있다면, 그곳에 가면 하나님을 만날 수 있을 거라는 생각이 드니, 여행 한 번 가 본 적이 없고, 날마다 아파서 골골거리며 겨우겨우 살고 있는 처지임에도 불구하고 가고 싶어졌다.

딸은 외박이 안 되는 것이 당연하고, 해가 지기 전에 집에 들어와야 하는 것이 철칙인 데다가, 교회를 끔찍이도 싫어하는 아빠를 설득하는 것은 쉬운 일이 아니었다. 그렇지만 내 몸이 약하다는 것이 엄마의 무기였다.

"여보, 예신이 몸이 저렇게 생겼으니, 교회라도 의지하고 살게 합시다."

기적처럼 '전도 여행'의 허락이 떨어졌다.

열두세 명으로 짜인 전도 여행팀은 모여서 함께 기도하고 준비한 지 한 달이 넘었다고 했다. 나는 출발 전, 일주일을 앞두고 막바지 멤버로 들어갔다. 새벽예배가 끝나고, 전도팀 모임이 있다고 해서 처음으로 참여했다. 성령 충만한 모임이었다. 찬양하고, 사도행전을 돌아가면서 읽고 묵상하고 주신 말씀을 나누고 교제하는 가운데, 한 명씩 기도 제목을 나누었고, 전도 여행의 팀장인 그가 마무리 기도를 했다.

그 마무리 기도 전까지만 해도 나는 그와 아무런 관계가 없었다. 아무런 상관이 없었다. 우린 사적인 대화를 해 본 적도 없었다. 우린 서로의 이름만 알았을 뿐, 나는 그를 모르고, 그도 나를 전혀 몰랐다.

그런데, 그가 마무리 기도를 하고 있을 때, 나는 그의 기도에 조금 놀랐다. 열 명이 넘는 청년들의 기도 제목을 메모도 하지 않았는데 모두 기억하고 한 사람 한 사람을 위해 기도했다. 머리가 좋은 건지, 영적인 능력인지는 몰라도 한명 한명을 향한 진심이 있었다.

그리고 그가 기도하고 있을 때, 그의 기도가 내 마음에 너무 좋았다. 이런 기도를 하는 청년을 본 적이 없다고 생각하고 있을 때쯤이었을까?

나는 느닷없이 갑자기 슬퍼졌다. 이건 정말 내게 기가 막힌 사건이었다.

나는 그를 모르고, 그도 나를 모르는데, 나는 슬펐다. 슬픔의 이유는

'저 사람이 나를 왜 못 알아보지?'

그거였다. 우리는 분명히 서로가 애틋한 관계인데, 그가 나를 알아보지 못하고 있어서 슬픈 거였다. 정말 말도 안 되는 일이 일어났다. 그가 나를 모르는 것이 당연하고, 전생이란 것이 있을 수도 없는데, 이건 마치 전생에 우리가 부부라도 됐었는데, 그것을 그가 까맣게 잊어버리고, 나를 알아보지 못하

고 있는 것에 대해 슬퍼하는 아픔을 느끼고 있었다. 정말 황당한 상황인 줄 알면서도 마음이 너무 저리고 애달팠다.

나는 몹시 당황한 채로 이런 정신 나간 나를 데리고 교회 밖으로 빠져나왔고, 그날부터 혼자서 하는 가슴 아픈 짝사랑이 시작되었다.

일주일이 지나고, 3박4일 동안의 '무전 전도 여행'을 하러 떠났다.

몇 시간을, 차를 타고 가서, 생소한 땅에 내려졌다. 세 팀으로 나누어서, 멀리 세 지역으로 흩어져서 전도하고, 마지막에 다시 한 곳으로 집합해서 함께 돌아왔다. 우린 한 푼도 없었는데, 먹을 것을 공급하시는 하나님을 체험했고, 잘 곳을 공급하시는 하나님을 경험했다. 불교의 터가 견고한 땅에서 가가호호 방문하며 전도하면서, 하나님을 알지 못하는 영혼을 바라보는 주님의 뜨거운 눈물과 사랑을 느끼게 되어서 가슴 아팠다. 예수 그리스도의 이름으로 땅을 밟는 순례자의 약식 체험의 기쁨도 잠시, 집으로 복귀한 나는 새로운 기도 제목을 가지고 하나님께 나가야만 했다.

짝사랑이 시작된 후에서야 그가 보이기 시작했다.

눈을 감고 사랑을 시작한 나는, 이제 눈을 떠서 그를 보기 시작했다.

그는 내게 로망인 얼룩 없는 깨끗한 목을 가지고 있는 사람이었다. 나는 하체가 튼실한 체형이지만, 그는 웬만한 아가씨도 울고 갈 날씬하고 쭉 뻗은 다리를 가지고 있었다. 군대에서 다져진 딴딴한 가슴이 꿀렁꿀렁 움직일 때면 교회의 형제, 자매 할 것 없이 다 비명을 질렀다. 성실하고 친절하고 리더십이 강하고, 무엇보다 하나님을 향한 열정이 있었다. 나는 그런 그가 대학을 졸업하고 시험 준비를 하고 있다는 것 외에 아는 것이 없었다. 그는 자매들에게 인기가 많았다.

나는 혼자서 싸움을 해나가야 했다. 그를 좋아하는 마음이 너무 간절해서 울었다. 누구 인생을 망칠 일이 있나 싶어서 울었다. 결혼의 마음을 가져서도 안 되고, 더군다나 사랑하는 저 사람을 위해서는 더욱 그랬다. 나는 새벽마다 교회에 가서 하나님께 기도했다.

'하나님, 그 사람을 사랑하는 마음을 없애주세요.'

바랄 수 없는 것을 바라는 사랑이라는 감정은 마음이 찢기고 녹아들 듯 너무 아팠다. 새벽 기도가 한 달이 넘어가자, 하나님께서 이 간절한 기도에 감동하셨는지, 나는 그와 결혼을 꿈꾼다거나 그를 더 이상 갖고 싶다거나 사랑한다거나 하는 마음이 생기지 않게 되었다. 오히려 편안한 마음으로 그가 앞으로 결혼해서 이룰 가정과, 그의 미래를 위해 축복의 기도를 할 수 있게 되었다.

하나님은 로맨티시스트

새벽 기도로 뜨거웠던 여름이 지난 후 가을에 들어서면서, 청년부 주보에 자기소개를 하는 순서에 내 차례가 돌아왔다.

나는 완전한 정리가 필요했다. 그곳에 내게 피부병이 있음을 간단하게 밝혔다. 내 처지를 내가 바로 알고, 다시는 남자에게 마음을 뺏기지 않아야 한다는 '나 자신을 바로 알자!'라는, 나를 정리하는 마음 다짐이었다. 또 '나는 이런 여자니까 무서우면 애초에 접근하지 말라.'라는 자기 파괴적인 협박심도 있었다. '나중에 알고 감당 못 하겠다고 말해서 서로 상처받지 말자.'라는 취지도 있었다.

어쩌면 이것은 오직 한 남자를 향한 것이었을지도 모른다. 어쨌든, 이 숨은 취지는 몰랐을지라도 그는 내가 피부병이 있다는 것만큼은 알게 되었다.

운명은 나를 슬프게 했다. 가혹했다.

나는 그를 안 보려고 도망 다녔다. 마주치지 않으려고 애썼다. 그런데 일은 꼬이기 시작했다. 갑자기 청년부의 순을 새롭게 바꾸겠다는 예고가 있더니, 그는 나의 순장이 되고, 나는 그의 순원이 되었다. 우린 만나지 않을 수가 없었다. 또, 다른 해보다 일찍 청년부 임원 선거가 있었는데, 나는 부회장이 되고, 그는 총무가 되어서 우린 임원으로도 만나지 않을 수가 없었다. 그리고 저녁에 예배가 끝나거나 회의가 끝나고 교회를 나설 때면, 나이 차이가 크게 나는 회장 오빠가 그에게 나를 맡기며 부탁했다. 돌아가는 동선이 같으니 가는 길까지 에스코트를 해주라면서.

그래서 그와 나는 일주일이면 몇 번이고 만나게 되었다. 그렇지만 이 일은 하나님께서 내 마음을 아프게 하시려는 고통 주기 전략은 아니었다. 왜냐하면 나는 그를 순장으로써 좋아하고 응원했지만, 이제 결혼 상대자로서는 아니었다. 한 달 동안 기도한 응답으로 내 마음을 정리하게 해 주셨던 하나님은, 확실하게 잡아주셨다. 나는 다시 흔들리지 않았다.

그런데 이번에는 그가 문제였다. 나중에 알았지만, 하나님은 내 마음은 다 정리해 주시고는, 나를 그의 옆에 계속 머물게 하심으로서, 그가 나를 지켜보게 하셨다.

그는 어느 날부터 새벽 예배를 마치고 교회를 나와서 집을 향해 가고 있는 내 옆에 와서 나란히 걷고 있었다. 그에게도 변화가 있는 것 같았지만, 나는 그의 속마음을 알아채지 못했다. 왜냐하면 그는 모든 자매에게 친절하고 인기가 있었다.

11월에 어느 날, 나의 영적 엄마와 같은 멘토 언니로부터 연락이 왔다. 언니가 평소에 고마운 마음이 있어서, 전부터 음식을 대접하고 싶었던 사람들과 식사를 하자고 했다. 언니가 초대한 사람은 나와 그와 또 다른 형제였다.

약속 장소인 대학교 후문으로 가기 위해서, 나는 대학교의 정문으로 들어가서 캠퍼스를 지나 후문 쪽으로 걸어가고 있었다. 어디선가 그가 나타나 내 길에 동행했다. 우리가 함께 걸어오는 것을 언니가 보고 있었다.

너무나 아름다운 가을이었다. 알록달록한 색으로 갈아입은 단풍잎들이 바람을 타고 눈처럼 흩날리며 떨어지고, 햇살은 투명한 보석비처럼 반짝거렸다. 언니와 나와 그는 함께, 하나님이 만드신 이 놀라운 가을 풍경에 감동하고 있었다.

그가 말했다.

"누님, 이런 날, 전도 여행 가기 딱 좋은 날씨네요!"

"와! 그렇네요!"

언니도 나도 동조했다. 이런저런 이야기를 하다가, 누가 말했는지 기억나지 않지만, '신혼여행'이라는 단어가 나왔다. 그러자 그가 말했다.

"신혼여행도 전도 여행으로 가면 좋겠네요!"

우린 그때 다들 '부흥'을 꿈꾸는 성령 충만한 시기를 보내고 있었다. 그 누구보다 전도에 뜨거운 청년인 그의 입에서 나올 수 있는 당연한 말이라고 생각하고 함께 웃었다. 그런데 그 순간, 언니가 그에게 물었다.

"형제님, 그 신혼여행에 예신자매랑 같이 가는 건 어때요?"

그는 이 질문을 받고, 1초의 주저함 없이 대답했다.

"네! 그럼 좋지요."

나는 화들짝 놀랐고, 언니는 다시 한번 그에게 재차 확인하더니, 그를 내게서 좀 떨어진 곳으로 끌고 갔다. 언니와 그는 한참 이야기를 나누더니 그리고는 다시 돌아왔다.

"예신 자매님! 예전에 나한테 전화해서 울면서 말했던 형제님이 여기 형제님 맞죠?"

그런 적이 있었다. 너무 좋은데, 좋아해서는 안 되는 것을 알면서도 좋아했을 때, 마음이 아파서 언니에게 전화해서 울었던 적이 있었다. 아무런 힌트도 흘리지 않았는데, 언니는 짐

작하고 있었나 보다. 언니는 우리가 지금 당장 신혼여행이라
도 가는 것처럼, 그에게 나를 부탁하고 있었다. 친정엄마가 사
위에게 딸을 부탁하듯이 나를 부탁하고 있었다.

나는 어떤 준비도 없이, 생각할 겨를도 없이 그날, 짝사랑
했던 남자와 교제를 시작하게 되었다. 우린 그렇게 그날 요즘
말로 결혼을 전제로 한 교제 1일이 되었다.

하나님이 이렇게 로맨티시스트이신 줄은 예전에 미처 몰
랐다. 그 지하 기도실에서 무전 전도 여행을 위해 함께 기도
모임을 하면서, 전생에 부부인 듯한 감정을 느끼게 하신 이후
로 내가 먼저 사랑하게 하시고, 새벽 기도를 통해서 그 사랑
도 거두어 가 주셨다.

그 다음엔 일주일이면 몇 시간이나 붙어있게 하심으로서
그가 나를 보게 하시고, 그의 마음속에도 나를 사랑하는 마음
을 넣어주셨다. 그리고 그날, 그와 내가 함께 신뢰하는 언니를
하나님의 천사처럼 세우시고, 결혼을 전제로 만나는 사이가
되도록 하신 것이다.

계절이 아름다워서

그는 나에게 말했다.

좋아하는 감정이 목에까지 차올라서 곧 말하려고 했다고. 또, 내가 어떤 피부이든 상관이 없다고 말했다. 설령, 나의 피부가 나무껍질같다고 해도 괜찮다고 말했다.

그는 나중에 나에게 또 이런 이야기를 해주었다. 여기 C교회에 처음 왔을 때, 연초에 하나님께 특별한 기도를 했었다고 한다.

"하나님, 저는 지금 공부를 해야 할 때지만, 제가 1년간 공부를 조금 내려놓고 청년부에 헌신하고 싶습니다."

그리고 그때 단 한 번, 배우자에 대해 이렇게 기도했다고 한다.

"하나님, 나중에 저에게 자매를 주신다면, 하나님께서 아끼고 아끼는 딸을 저에게 주십시오."

그렇게 기도하고 잊어버린 듯 살았고, 그동안 자신에게 고백한 자매님도 있었지만, 마음이 움직이지 않았다고 한다. 그런데 그날, 언니가 나와 멀리 떨어진 곳으로 그를 데리고 가서 나를 부탁하는 누님의 이야기를 들을 때, 하나님의 음성이 들렸다고 한다.

"내가 아끼고 아끼는 딸을 너에게 허락한다면, 네가 받아 줄 수 있겠느냐?"

그는 자신이 연초에 했던 기도에서 자신과 하나님만이 아는, 그때 자신이 내뱉은 단어로 하나님께서 말씀하셨기 때문에 완전하게 확신할 수밖에 없었다고 말했다.

그는 나와 결혼을 전제로 교제를 시작하기로 결정하고, 그 후 일주일 동안 성령님께 취하게 되었다. 찬양이 뿜어져 나와서 도서관의 자리에 앉아 있을 수가 없었고, 캠퍼스로 나가 꿇어앉아 기도하고, 주위를 돌며 전도하며 다녔다.

하나님께서는 살아오는 동안 한 번도 본 적 없는 신비한 가을과 겨울을 우리에게 보여주셨다. 그때 이후로 지금까지도 그런 가을은 본 적이 없다. 우리가 교제를 시작하기로 한 날 함께 보았던 그 캠퍼스의 가을이 그해에 계속 이어졌다.

더없이 높고 맑고 파랗고 유리 같은 하늘에, 나뭇잎 하나하나, 햇살 한 조각까지, 모든 자연이 생생하게 다 살아 있었다. 환상처럼 아름다운 전혀 다른 세상 속으로 들어와 있는 듯도 했다. 지금 생각해 보면, 하나님을 믿게 되고 온 세상이 다시 새롭게 보일 때와 같은, 마치 새로운 피조물이 된 것과 같은, 아름다운 경험을 우리가 동시에 하고 있었다.

나와 그가 사랑에 빠져있었으니, 단순히 사랑의 콩깍지가 씌어있었던 거 아닌가 생각할 수도 있겠지만, 그것을 감안하더라도 그 가을은 지나치게 마법처럼 아름다웠다.

드디어 집을 떠나다

우리는 둘 다 가난한 가정의 가난한 커플이었다.

나를 책임지기로 결심한 그는 더 이상 책상에 앉아서 시험공부만 하고 있을 수는 없어서 취업을 준비했다. 그는 어머니의 아들에 대한 소원을 접고, 큰 결심을 해야 했다. 그는 나를 위해서 가족과의 갈등을 감내해야 했다. 아들의 공부를 멈추게 하고, 아들에 대한 꿈을 접게 한 나를 어머니는 처음부터 마음에 들어 하지 않으셨다.

나는 갈등의 불씨가 되었다. 가난함도 큰 몫을 차지했을 것이다. 어머니는 내가 피부에 문제가 있다는 것을 눈치채지 못하셨다. 그는 나를 데리고 고향 땅을 떠나서, 서울에서 새로운 삶터를 마련해야 한다고 말했다. 어머니로부터 나를 보호하려는 생각도 포함되어 있었다. 그는 방송일을 공부하고 취업도 하겠다면서 서울로 향했다.

우린 헤어져 있게 됐고, 나는 다시 직장 생활을 하고 있었다. 그와 헤어져 있는 시간도 슬펐지만, 나를 더 힘들게 한 것은 엄마와 아빠였다.

작은오빠는 집을 떠나 다른 지역에서 직장 생활을 하고 있었고, 큰오빠는 결혼해서 분가했기 때문에 집에는 아빠와 엄마 그리고 나만 살게 되었다. 세월은 가고, 자녀들은 나이를 먹었지만, 아빠의 주사는 전혀 변하지 않았다. 아빠가 취했을 때, 아빠의 횡포를 말려줄 오빠들이 없는 집에서 아빠를 상대하는 것은 가슴 떨리는 고통이었다.

나는 스물일곱이 됐지만, 아직도 부모님의 싸움은 익숙해지지 않았다. 큰 소리가 날 때면 뛰는 심장을 붙잡고 밤새 방안을 쳇바퀴 돌듯 돌며 어찌할 바를 몰라 했다. 불안과 공포로 가슴이 뛰고 머리가 터질 것 같은 숨 막히는 시간을 더는 참지 못하겠다고 결정했다. 나는 어느 날 그에게 전화해서 나를 데려가 달라고 말했다.

아무런 대책이 없었지만, 내 상황을 너무 잘 아는 그는 나를 데리러 와 주었다.

"어머님, 아버님, 저희가 서울에서 기반을 잡고 살 생각이기 때문에, 예신이도 이왕이면 서울에 미리 가서 직장을 구하면 좋을 것 같습니다. 그래서 같이 서울로 가겠습니다. 걱정하지 마십시오."

아빠와 엄마는 흔쾌히 허락하셨다. 우리는 어차피 결혼을 약속했고, 아빠는 집에서 막내딸을 내보내고 입을 더는 것이 더 좋으셨다. 나는 직장을 미리 정리하고, 청년부의 부회장 임기를 마치는 날에, 그를 따라 서울로 향했다.

모아둔 백만 원 남짓한 돈을 들고나왔다. 드디어 내 가족의 굴레에서 벗어났다. 의처증과 술주정의 지옥에서 벗어났다. 결혼도 아닌 이런 모습으로 엄마와 헤어지는 것은 가슴 찢어지는 아픔이었고, 앞으로 어찌 될지도 모르기에 두려웠지만, 집을 떠나는 열차를 탈 수밖에 없었다.

고시원에 짐을 풀었다. 남녀가 층이 다른 고시원이었다. 들고 온 백만 원은 금방 없어졌다. 엄마와 아빠의 전쟁 같은 싸우는 소리를 피해서 도망쳤더니, 애인과의 꿈같은 시간이 아닌, 서울의 매서운 추위와 배고픔이 기다리고 있었다.

나는 말 그대로 너무 춥고 너무 배가 고팠다. 부모님께 손을 내밀 수는 없었다. 그가 공부하면서 아르바이트를 하고 있었지만, 두 방의 고시원비를 내면 생활비가 없었다. 라면만으로도 감사했다. 돈이 없고 배가 너무 고파서, 하자가 있거나

기한이 다 되어서 반값으로 나온 식품을 사기 위해 마트를 계속 돌고 또 돌았다. 나는 컴퓨터 관련 자격증이 있었지만, 포트폴리오 몇 장 들고 그렇게 쉽게 일자리가 구해 질 리가 만무했다. 무지하고 무모한 상경이었지만, 지금까지도 집을 떠나온 그날을 후회해 본 적이 없다.

주님이 주신 교회, 주님이 주신 찬양

서울에 와서 처음으로 할 일은 우리가 앞으로 섬길 교회를 찾는 일이었다. 유명한 교회를 몇 군데 가보자고 말하고, 첫 순위가 된 교회로 향했다. 처음으로 간 'N교회'에서 예배를 드리고, 다른 교회를 가 볼 필요도 없이 우린 N교회에 푹 빠졌다. 지방에서 우리가 다닌 C교회와 거의 오차 없이 결이 같았다. 마치 처음부터 하나님께서 우리를 이 N교회로 오게 하려고 C교회로 인도하시고, 그 교회에서 우리가 만나게 하시고, 여기까지 이끄신 것만 같았다.

"오빠! 하나님께서 어떻게 이렇게 좋은 교회로 우리를 인도해 주셨을까!"

우리는 아무것도 없는 중에서도 N교회를 만난 것이 너무 행복해서 하나님께 정말 감사했다.

그리고 나에게는 하나님과 나만 아는 특별한 의미가 한 가
지 더 있었다.

N교회에서는 주일 예배를 마칠 때, 송영으로 부르는 찬양
이 있었다. 나는 처음, 이 찬양이 불릴 때 너무 놀라고 가슴에
전율을 느끼면서 울었다. 온몸이 쿵쾅거렸다.

'어, 이 교회에서, 많고 많은 찬양 중에 왜 이 찬양을……'

이 찬양은 나와 하나님만 아는 장소에서 나와 하나님만 아
는 비밀이었다.

아빠의 의처증으로 엄마의 가게에서 오지도 가지도 못하
게 감시자로 묶여있었을 때, 나는 내 신세가 처량하고 미래가
보이지 않아, 눈앞이 캄캄해서 절망에 빠져있었다. 그런 날을
보내던 중에, 주방에 쪼그리고 앉아서 시궁창 냄새를 맡으며
소주잔을 들고 서글퍼서 울며 술을 마시면서 부르게 된 바로
그 찬양이었다.

"살아계신 주 ~~~~"

그 큰 절망 속에 빠져 있었을 때, 그날 내 입에서 흘러나와
서 불렸던 그 찬양이, 이 교회에서 주일 예배를 마칠 때마다

웅장하게 울려 퍼졌다.

예배를 마치며, 이 찬양을 부를 때마다 나를 시궁창에서 건져내신 하나님을 느낀다. 내 인생을 통치하고 계시는 하나님의 강력한 힘을 느낀다. 그때 시궁창 냄새 앞에서 절망밖에 없었던 나를 건지셔서 빛 가운데로 인도하고 계시는 하나님의 선하심과 신실하심을 바라본다.

이 찬양의 가사와 전혀 동떨어진 고통의 시간을 걷고 있는 시기에도, 하나의 고비를 넘겼다 싶으면 또 다른 고비가 시작되는 시기일지라도, 예배 때마다 올려드리는 이 찬양의 고백은 변함없는 진리임을 나는 안다.

[1]내가 여호와를 기다리고 기다렸더니
  귀를 기울이사 나의 부르짖음을 들으셨도다
[2]나를 기가 막힐 웅덩이와 수렁에서 끌어올리시고
  내 발을 반석 위에 두사 내 걸음을 견고하게 하셨도다
[3]새 노래 곧 우리 하나님께 올릴 찬송을 내 입에 두셨으니
  많은 사람이 보고 두려워하여 여호와를 의지하리로다

(시 40:1-3)

나는 예수님의 신부

하나님의 인도하심으로, 그는 교회에서 운영하는 인터넷 방송국에 입사가 되었다. 지금은 기독교방송국이다. 나는 교회에서 아르바이트하다가, 생각해 보지도 못한 웨딩컨설팅 회사에서 일하게 되었다. 결혼식이라는 단어는 몇 년 후에나 가능할지 장담할 수가 없었던 우리였지만, 그의 직장 상관이신 목사님이 결혼을 서둘러 주셨다. 우리는 새로운 동료들이 생겼고, 나는 마침 기독교방송국에서 새롭게 만든 웨딩컨설팅 사업의 직원이 되어있었다.

가진 것이 아무것도 없었던 우리는 그야말로 하나님이 다 준비해 주셔서, 부족함 없는 기적적인 결혼식을 올렸다. 교제를 시작한 지 2년, 상경한 지는 1년 만에, 부모님 손을 하나도 빌리지 않고, 결혼식을 하게 해 주신 것이다. 신혼여행 비용이 있을 리가 없었지만, 가까운 동해로 신혼여행도 가게 해 주셨다. 자살을 시도했다가 살아남은 것을 처음으로 진심으로 감사했던 행복한 여행이었다.

그런데 신혼여행에서 돌아온 지 열흘도 안 되어, 동화책의 마지막 문장인 '공주는 왕자와 결혼하여 행복하게 살았습니다.'하고 끝이 난 대목을 의심하게 되었다.

결혼을 할 수 없을 것으로 생각했던 내가, 결혼을 할 수 있게 해 주신 그 은혜가 너무 놀랍고 감사해서, 그 무렵에 간증책을 쓰고 싶었는데, 나의 간증도 역시 '예신이는 하나님의 은혜로 결혼식을 하고, 행복하게 살았습니다.'로 끝이 날 것으로 생각했었다.

그러나 결혼식은, 전반전의 고통이 끝나고 후반전의 고통이 시작되는 중간 광고 타임에 불과했다. 내 조크를 잘 알고 계시는, 나의 하나님께서 이 표현을 들으시고 웃으시면 좋겠다.

남편은 일이 많았다. 신혼인데 집에 들어오질 않았다. 들어온다고 해도 새벽에 들어와서 잠깐 눈만 붙이고, 다시 씻고 옷만 갈아입고 나가는 날이 많았다. 나는 외로웠다. 아는 사람 한 명 없는 객지 아니던가? 나는 장을 보지 않았다. 혼자 요리해서 밥을 먹을 일이 없었다. 혼자서도 외로웠는데, 결혼했더니, 기다리는 사람이 오지 않아서 더 외로워졌다.

하필이면, 웨딩컨설팅 회사에 다니고 있는 내가 결혼한 지 한 달 만에, 결혼식을 하겠다고 오는 고객이 오면, 도시락을 싸가지고 다니면서 말리겠다고 말했더니, 회사 동료들은 손님이 오면, 나를 묶어두는 게 좋겠다고 장난스레 말했다.

그러면서 결혼은 또 다른 영적 전쟁의 시작이라고 말하며 위로해 주었다. 그때 나는 둔했으므로, 우리 부부 사이는 딱히 영적인 문제와는 거리가 멀다고 생각했다.

나는 심각하게 우울해졌고, 집에서 어쩌다 보는 남편에게 신경을 곤두세우고 긁기 시작했다. 우린 결혼하고 얼마 안 있어서 대단히 위태로운 부부가 되었다. 남편은 사실 퇴근할 수 없을 만큼 일이 많았다. 남편은 남편대로, 일이 많아서 쉴 틈 없이 힘든 자신을 이해해 주지는 못할망정, 오히려 마귀할멈의 얼굴을 하고 할퀴어 대기만 하는 내가 버거웠을 것이다.

그러던 어느 날 밤, 남편과 나란히 누워서 잠이 들기 전에, 남편에게 십여 년 전, 고등학생 시절에 꾼, 꿈 이야기를 해주었다.

꿈의 내용은 이렇다. 나는 열차를 타고 있었다. 다음 날이 나의 결혼식이 있는 날이었기 때문에, 전날에 결혼식을 하는 장소로 가기 위해 열차에 타고 있었다. 열차는 비교적 천천히 움직이고 있었고, 열차가 지나가는 옆길에는 파릇파릇한 나뭇잎들이 손에 잡힐 듯이 드리워져 있었는데, 비가 왔었는지 모두 빗물을 머금고 있어서 물방울이 시원하고 귀엽게 통통 튀듯이 부서졌다. 아주 맑은 날씨도 그렇다고 흐린 날씨도 아닌,

비가 온 후에 개운하고 청량한 날씨였다.

나는 열차에서 내려서 곧 어떤 언덕으로 이동했다. 그 작은 언덕 너머에서는 보이지는 않지만, 시끌벅적한 소리가 들렸는데, 누군가 전해 주길, 내일 있을 나의 결혼식을 준비하는 중이라고 했다. 나는 언덕 아래에서 나지막한 언덕 위를 바라보았다. 따뜻하고 밝은 빛이 드리워진 언덕 위에 하얀 테이블과 하얀 의자가 놓여있었다.

나는 어느새 그 의자에 앉아 있었는데, 내 옆에는 내일 나와 결혼할 남편 될 사람도 앉아 있었다. 결혼할 신랑은 내가 읽었던 만화에서 나온, 중세 시대 남자들이 입을 법한 팔이 넓은 하얀 셔츠를 입고 있었는데 하얀색이 너무 밝아서 눈이 부셨다.

나는 나의 신랑 될 분과 있는 그 순간, 놀라운 경험을 했다. 그것은 신기하게도, 조금 전까지 내 머릿속을 꽉 붙잡고 아프게 한, 돌덩이 같은 많은 걱정과 염려 거리가 단 하나도 생각나지 않고 모조리 없어져 버린 것이었다. 엄마 아빠의 싸움도, 큰오빠의 괴롭힘도, 가난도, 내 피부병도, 염색 걱정도, 학교 성적도, 공부 걱정도, 미래에 대한 걱정도, 죽음에 대한 생각도, 그 어떤 두려움도 기억나지 않았다.

나는 일부러 자리에서 일어나서 내 머릿속을 훑어 내리듯 머리를 짜내어 걱정거리를 찾았다. 마치 내 분신인 듯 내 안에 복잡하게 얽혀있었던 너무 무거운 걱정들을 아무리 생각해 보려 해도 그림자도 찾을 수가 없었다. 한 번도 떠나지 않던 크고 작은 버거운 문제들이 순식간에 증발하고 하나도 남아있지 않았다. 아무것도 생각나지 않고 깨끗했다. 그래서 나는 태어나서 단 한 번도 맛보지 못했던 평안함을 느꼈다.

'평안하다! 평안하다! 평안하다!'

나는 내 신랑이 될 그와 함께 테이블 앞에, 의자에 앉아 있었다. 신랑의 다리에도 누워보았다. 또다시 일어나 나란히도 앉았다. 내가 책을 펴고 있을 때, 그 따뜻한 성품을 가진 신랑 될 분이 공부를 가르치듯이 나에게 가르쳐 주었다. 그가 나를 얼마나 사랑하는지 느낄 수 있었다.

'평안하다! 평안하다! 평안하다!'

그러던 어느 순간, 남편 될 그가 내 옆에서 사라지고 없더니, 이제 나는 의자에 홀로 앉아 있고, 그는 언덕의 아래쪽에 서 있었다. 그는 환하게 미소 짓는 얼굴이었지만, 나는 얼굴을 보지 못했다. 그가 내게 손을 흔들며 헤어지는 인사를 하고 있었다. 나는 눈을 뜨고 정신을 집중해야 한다고 생각했다.

'예신아, 미래에 네 남편 될 사람이니까, 얼굴을 외워둬야지! 그래야 나중에 만나면 알아볼 수 있잖아.'

나는 눈을 크게 뜨고 얼굴을 보려고 애썼다. 그러나 그의 하얀 옷이 너무 하얗게 빛처럼 빛나고 있어서, 눈이 부신 나머지, 차마 그 얼굴을 볼 수가 없었다. 안타깝게도 잠이 깰 때까지 얼굴을 볼 수가 없었다.

나는 꿈 이야기를 하다가, 도중에 누운 자리에서 일어나 앉아 있었다. 이 꿈 이야기를 마치고, 조심스레 남편에게 말했다.

"나는 그래서 학생 때 이 꿈을 꾸고, 나중에 내 남편은 예수님 같은 사람인가 보다고 생각했는데, 당신은 예수님 같은 분이 아닌 거 같아."

이런 이야기를 듣던 남편은 갑자기 일어나서 앉더니, 내 등을 세게 한 대 툭! 치면서 큰 소리로 말했다.

"당신, 예수님 만난 거네!"

나는 순간 깜짝 놀라서 심장이 멎을 듯했다. 남편이 다시 또 말했다.

"당신, 예수님 만난 거잖아. 신랑 되신 예수님 만난 거잖아."

"어?"

순식간에 정신이 번쩍 들었다. 그렇다. 나는 이 꿈을 십 년이나 넘게 가슴속에 고이고이 간직해 오면서, 그분이 예수님이라고 생각해 본 적이 한 번도 없었다. 그냥, 내 미래의 남편을 꿈꾼 거로 생각했고, 너무 예수님 같아서, 내가 만약 결혼할 수만 있다면, 예수님 같은 남자와 결혼하게 될 거라고만 생각했던 것이다.

나는 이 어리석음을 깨닫자 펑펑 울기 시작했다.

"그럼, 뭐야? 그때 나를 찾아오셨던 거야?"

나는 정말 엉엉 울었다. 밤마다 죽기를 간절히 기도하고, 아침이면 여전히 죽지 않고 살아서 눈을 뜬 것이 서러워서 울었던 그날 중에, 그 어느 날 예수님은 나를 찾아오셨던 것이다.

"예수님이 나한테 오셨던 거야? 내 기도를 외면하지 않으셨던 거네? 나는 왜 그걸 몰랐을까 …… 엉엉 … 바보같이 …… 엉엉 … 그걸 알았다면, 그렇게 많이 힘들어하며 살진 않았을 텐데 … 엉엉 …"

생각해 보니, 그날은 정말 특별했다.

나는 그 꿈에서 깨어나 말할 수 없는 평안함에 젖어서 학교에 갔다. 1교시, 2교시, 3교시, …. 시간이 지날수록 그 평안함이 조금씩 사라져 갔다. 마치 진한 향수의 향기가 시간이 지날수록 연해지듯이 그 평안함이 향기처럼 사라져서, 하교해서 집에 돌아올 즈음에는 평안함에 끝자락만 남아 있었다. 잊을세라, 매일 쓰고 있던 일기장에 서둘러 기록했지만, 몇 년 후에 일기장을 다 뒤져보아도 그날의 기록을 찾을 수가 없었다. 단지 내 가슴 속에 또렷하게 새겨져 있다.

나는 예수님의 평안을 안다. 아무리 찾아도 결코 찾을 수 없는 걱정, 염려, 두려움. 그분과 함께 있으면 그렇게 된다는 것을 안다.

나는 더 이상 불쌍한 남편을 그 꿈에서 본 예수님과 비교하며 살지 않게 되었다. 그리고 예수님이 오셨는데도 알아채지 못했던 무지한 나는 예수님께 너무 죄송했다.

'나를 찾아오신 신랑을 알아보지 못한 이런 어리석은 신부라니!'

그땐 어린 고등학생이어서 그랬다지만, 나는 진짜 신랑 되신 예수님을 알아보기까지 훨씬 더 긴 시간이 걸렸다.

마치 청년이 처녀와 결혼함같이
네 아들들이 너를 취하겠고
신랑이 신부를 기뻐함같이 네 하나님이 너를 기뻐하시리라
(사 62:5)

사는 것과 죽는 것 1

잘살아 보려 한 일이

　마이너스 통장을 끼고 어렵게 살던 살림은 나아질 기미가 보이지 않았다. 신혼 초에 늘 혼자 있게 된 나는 영양실조에 걸렸다. 일이 넘쳐서 잠을 못 자고 일했던 남편도 몸이 견디지 못했다. 재정의 벽은 우리에게 너무 높고 두꺼웠다. 남편은 돈이 되고자 하는 일을 해보자고 퇴사했지만, 더 혹독한 시련이 기다리고 있었다. 대출을 받아서 시작한 가게는 쉽게 돈을 벌어주지 않았다. 열심히 살아보려고 애를 써봐도 빚의 굴레에서 벗어날 수가 없었다.

　나는 어느새 첫 임신을 했다. 귀한 생명이 찾아왔는데도, 우린 기쁨을 마음껏 누려보지 못했다. 낮에는 내가 가게에 나가 있고, 야간에는 남편이 가게에 나가야 했기 때문에, 우린 오롯이 함께 있을 수가 없었고, 빚이 있는데 장사가 잘 안되고, 임신 중이었지만 나는 먹고 싶은 것을 사 먹을 수가 없었다.
　'세상은 풍족한데, 나는 오백 원이 없어서 과자 한 봉지를 못 사 먹는구나! 누가 믿기나 할까?'
　먹고 싶은 것을 먹고 싶어서 참을 수 없을 때면 울다가 애써 잠을 잤다. 그렇다고 쌀이 없었던 것은 아니었다. 농사를 지으시는 시부모님 덕분에 집에 쌀은 있었다. 문제는 쌀만 있었다는 것이다. 임신 중인 나는 밥을 먹고 싶지 않았다. 현금이 한 푼도 없었던 우리는, 가게에서 물건을 하나 팔아야 그날 한 끼를 먹을 수 있는 처지였다.

남편은 시골에서 태어났다. 어머니는 어릴 때 시집을 오셔서, 첫째 아들을 낳으시고, 다시 아들을 낳기 위해 계속 출산하셨는데, 내리 네 명의 딸을 낳으셨다. 그리고 마지막에 얻은 아들이 남편이다. 막내아들은 정말 똑똑했다. 아들은 시골에서든 도시로 유학을 와서든 일등을 거의 놓치지 않았다. 어머님은 내게 말씀하셨다. 어느 날 아들의 학교에서 부모님을 불러서 떨리는 마음으로 갔더니,

"어머니, 이런 똑똑한 아들을 두신 부모님은 어떤 분인지 보고 싶어서 한 번 뵙자고 했습니다. 아드님은 가만히 두어도 서울대에 갈 겁니다. 걱정도 하지 마세요."

이런 말씀을 하시며, 선생님께서 칭찬을 아끼지 않았다고 하셨다. 엄마를 자랑스럽게 해 준, 똑똑하고 대단한 아들이라고 몇 번이나 말씀하셨다.

남편은 가난한 시골집에서 어머니의 자랑이며, 평생의 한을 풀어 줄 귀한 아들이었다. 남편은 어머니를 너무도 사랑하

는 효자였다. 어머니의 소원을 이루어 드리고 싶어 했고, 또 가난에서 벗어나게 해드리고 싶어 했다.

그런 남편이 방황을 시작한 때가 왔는데, 하필이면 고3 때였다고 한다. 운명의 장난처럼, 남편은 고3 때 책을 한 번도 보지 않았을 정도로 독하게 방황의 시기를 겪었다고 했다.

"그건, 우리가 만나기 위해서였을 거야. 자기가 서울로 갔으면 우리가 못 만났잖아."

우스갯소리로 말했지만, 남편은 그 시기를 오랫동안 몹시도 후회하고 있었다.

어머니와 가족의 모든 기대를 안고 산 남편은, 나의 눈에도 그 짐이 한없이 무거워 보였다. 남편은 불쌍하게도 태어나서 한 번도 어린아이로 살아 본 적이 없었다. 어머니가 웃는 모습이 좋아서 악착같이 공부했고, 집을 일으켜야 한다는 부담감에 묶여있었다. 가게를 시작하게 된 것은 우리도 우리지만, 남편이 어머니와 형제들을 잘 보살펴 드리고 싶은 열망이 있었기 때문이었다.

그러나 우리는 미숙했고, 사회는 호락호락하지 않았다. 우리는 그것을 온몸으로 배워가는 중이었다. 마치 피를 말리는 것 같은 하루하루를 보내고 있었다. 우린 그 첫 번째 터널을 하나님의 말씀으로 이겨내려고 안간힘을 썼다. 가게 안에 놓아둔 노트와 카운터 주변에 온통 성경 말씀을 붙여놓고, 말씀을 붙잡고 살았다. 물건을 팔고 밥을 먹게 되면, 그것이 곧 하나님의 은혜였기 때문에 정말 감사했다.

남편은 군대에 있을 때, 군종이 되었다. 군에서 부대 배치를 받고 부대에 있는 교회에서 첫 예배를 드릴 때, 잃어버렸던 하나님을 다시 찾았다고 한다.

'네가 나를 사랑하느냐?'라는 베드로에게 물으신 예수님의 음성이 자신을 향해 있음을 듣고 회개하며 예수님께 다시 돌아오게 되었고, 군대 안에서 성경을 몇 독을 했다고 했다. 그리고 훗날, 나와 결혼을 전제로 교제하기로 하고 난 후 기도원에 갔을 때, 목사가 되겠다고 서원하게 되었다고 한다.

한이 많은 어머니의 아들이며, 한 여자의 남편이자 한 아이의 아빠가 된 남편은 잘살아 보기 위해 창업한 곳에서 값비싼 훈련을 받고, 다시 기독교방송국으로 돌아왔다. 그리고 그때 기도원에서의 서원을 기억하고는, 일을 하면서 신학교 준비를 해보려고 했다. 그러나 예전에도 그랬듯이 일이 너무 많아서 일만 하기에도 바쁜 시간으로 다시 들어갔다. 신학교 공부는 남편에게서 영원히 멀어진 일이 된 것만 같았다.

　나는 빚더미에서 허우적거리며 사는 삶이 어떤 것인 줄 알게 되었다. 어떤 사람에게는 작은 돈일지 모르지만, 우리에겐 평생 갚을 수 없을 것만 같아 보이는 큰돈이었다. 첫째 딸을 낳고 하루도 빠짐없이 울게 되었다. 출산 후에, 원래 있었던 우울증이 더 심해졌다. 나는 잘 먹지를 못하게 되었다. 모유를 주기 위해서, 미역국 한 그릇을 억지로 삼켰다. TV의 홈쇼핑에서 판매 중인 끓고 있는 음식만 봐도 속이 울렁거렸다. 산부인과에서는 산후우울증이라고 말했다.
　눈을 감아도 떠도 빚이 걱정되었다. 그리고 나는 곧 죽을 것 같았다. 나의 산후 우울증의 특징은 내가 1, 2년 안에 죽을 것이라고 믿어지는 것이었다. 이 아이를 키우지 못하고 내가 죽고 말 거라는 확신이 들었다. 그래서 자기연민에 빠져 울었고, 아이가 불쌍해서 견딜 수가 없었다. 그렇지만 산부인과에서 처방약을 받지 않았다. 약물이 모유 속에도 들어간다고 말했기 때문이다.

　가게를 접고, 매달 받는 사역비로 월세와 대출금 이자를 갚고, 공과금을 내고 나면, 10만 원 남짓한 돈이 남았다. 태어난 아이까지 세 식구가 도저히 살 수가 없는 상황에서 어찌함 인지, 우린 살아냈다. 기적처럼 말이다. 출애굽 한 이스라엘 민족을 불 기둥과 구름 기둥으로 인도하시고 만나를 먹이셔서 돌봐주신 것처럼, 죽을 것 같은 순간에도, 하나님은 우리를 보호하시고 먹이시고 입혀주셨다.

그리고 하나님이 보내 주신 우리 딸아이가 얼마나 예쁘고 사랑스러운지, 이 모든 것을 웃음으로 바꿀 수 있는 힘이 되었다. 그래서 낮에는 아이로 인해서 웃고, 밤이 되면 아이가 예쁘고 소중한 만큼이나 더 슬퍼졌다.

하나님께 사랑받는 자

첫째 아이를 낳고, 1년 반 남짓 되었을 때 둘째를 임신했음을 알았다.

이젠 밤마다 잠을 자려고 누우면, 몇 분을 자지 못하고 정신이 말짱해졌다. 머릿속에서 온갖 걱정들이 가득 차올랐다. 우린 아이를 출산할 병원비가 없었다. 정말 우린 아무것도 없었다. 베개를 베고 누웠는데도, 베개를 베고 있다는 느낌이 들지 않았다. 마치 자갈밭에서 돌멩이를 베고 누워있는 것과 똑같은 아픔을 느꼈다. 한밤중에 방에 누워 있음에도 뜨거운 해가 내리쬐고 뜨거운 바람이 부는 사막 한 가운데 누워있는 듯한 고통의 시간이 흘러갔다.

어떤 때는 안 좋은 마음을 갖기도 했다. 하나님을 믿는다고 하는 내가 그런 생각도 들었다. 생명의 소중함보다 가난한 형편이 더 힘이 강했다. 나는 하나님을 믿는 믿음이 하나도 없는 여자였다. 그러나 감사하게도 하나님은 현명한 판단을 하도록 인도해 주셨다.

'이 아이를 어떻게 해 버리고, 먼 훗날에, 언젠가 숨도 쉴 만하고, 먹고 살 만 해 졌을 때, 이 아이가 없다면 나는 과연 행복할 수 있을까?'

그랬다. 죽을 때까지 지금처럼 어려우면 모르겠지만, 지금은 어려워도 나중에 형편이 좋아졌을 때, 이 아이가 없는 세상이라면, 나는 제대로 숨 쉬고 먹고 웃으며 살아갈 자신이 없었다.

아이의 태몽은 신기했다. 첫째 아이의 태몽은 어머니, 아버지, 남편 할 것 없이 다 꿈을 꾸었는데, 이 아이의 태몽은 오직 나만 꾸었다.

꿈에서 나는 추운 겨울날, 도로를 걷고 있었다. 그야말로 앞뒤로 눈보라가 심하게 몰아쳐서 앞을 보고 걸을 수 없는 길을 헤쳐나가며 눈이 쌓여가는 인도를, 온 힘을 다해 걸어가고 있었다. 그러다가 기어가다시피 해서 산비탈 길을 타고 올라갔더니, 그곳엔 멀쩡한 병원이 있었다. 어느새 눈보라는 그치고 밝은 해가 비치는 해 질 녘이 되어있었다. 나는 병원 앞에 서 있었는데, 눈이 갠 산의 아름다움을 보며, 언제 힘들게 걸어왔냐는 듯 아무렇지도 않게 되었다.

어느샌가 내 손에는 누군가가 쥐여준 보석함이 있었는데, 뚜껑이 열리는 시계처럼 생긴, 한 손안에 잡히는 크기의 약간 둥그스름한 모양이었다. 보석함 뚜껑에는 사람의 얼굴이 조각되어 있었는데, 누가 봐도 예수님의 흉상이었다. 마침, 저물어가고 있는 해의 빛이 보석함에 부딪혀 예수님의 흉상이 금빛으로 찬란하게 빛났다. 나는 주저함 없이 보석함의 뚜껑을 열었다. 뚜껑을 열자, 보석함 속에는 미켈란젤로가 조각한 다비드상이 어린아이처럼 누워 있는데, 춤을 추듯 좌우로 움직이고 있었다. 신기한 이 꿈을 꾸고, 남편에게 아이의 태몽을 이야기해 주었다.

"어, 그럼, 아무래도 둘째 아이는 아들인가?"

남편이 신기한 듯이 말했다. 나도 꿈에 본 것이 신기해서 신이 나서 말했다.

"여보, 아이가 예수님 안에 있었어요. 그런데 다비드 꿈을 꾸었으니까, 진짜 아들을 낳으면, 아이 이름을 다윗이라고 지을까?"

이 말을 듣고 남편이 대답했다.

"아마도 다윗으로는 한국에서 못 살지. 애들에게 놀림당하지."

"그렇지? 못 살겠지? 네가 다윗왕이냐고 그러겠지?"

남편과 나는 서로 바라보고 웃겨서 한참을 웃었다.

그래도 나는 다윗의 이름의 뜻을 성경 사전에서 찾아보았다.

'하나님께 사랑받는 자, 다윗.'

사망선고를 위해서

입덧이 끝날 무렵, 몸의 상태가 좋지 않았다. 정말 많이 아팠다. 걸을 수가 없었다. 밑부분에 핀셋 수십 개를 박아놓은 듯 움직일 때마다 고통스러웠다. 남편은 여전히 집에 잘 들어오지 않고, 임신한 몸으로 아이를 보는 것이 쉽지 않았다. 참을성이 많은 나는 참고 참다가 일을 내고 말았다. 자궁문이 미리 열렸고, 양수가 터졌다.

27주 5일, 아주 위급한 상황 중에 제왕 절개 수술로 아이를 빼내었다. 아이는 다행히 살아 있었다. 다행히도 살아는 있었다. 출생한 병원에서 아이가 태어나자마자 출생신고를 해오라고 말했다. 아이가 곧 죽을 수도 있으니, 그러면 사망 선고를 해야 하기 때문에, 출생 신고를 어서 하고 오라는 거였다.

'사망 선고를 위해서 출생 신고를 하고 오라니…'

하늘이 무너지는 기분이 이럴 거라는 생각이 들었다. 그랬다. 병원에서 출산한 아이의 건강 상태를 0에서 10까지 아프가 점수로 체크하는데, 10은 건강이 양호한 상태이고, 0은 사망했을 때 점수인데, 우리 아이는 1점을 받았다고 했다.

막 수술을 했기 때문에, 일어나지 못하는 나는 침대에 누워서 남편에게 말했다.

"여보, 어떡해? 우리 아들 이름 어떡하지?"

'죽을지도 모르는 이름….'

하나님이 이런 상황을 아시고 미리 주신 이름인지도 모른다는 생각이 들었다. 나는 어쩔 수 없다는 듯이 말했다.

"여보, 전에 태몽 꿨잖아. 다비드로 해야 할까?"

남편이 잠시 생각을 하더니 대답했다.

"그래. 다윗으로 하자. 하나님이 주신 이름인 거 같으니까, 다윗으로."

사망 신고를 하기 위해 출생 신고를 하러 가야 하는 남편의 마음이 어땠을까?

인큐베이터에 있는 아이의 면회는 하루에 두 번 있었다. 나는 퇴원할 때까지 아이를 보러 가지 못했다. 퇴원하는 날, 비로소 처음으로 우리 아들을 볼 수 있었다.

아이를 보는 순간, 알았다. 불이 꺼진 병실에서 보조 침대에 누워 흐느끼며 울던 남편의 마음을 알았다. 나는 27주 5일 만에 태어난 아이를 처음 보았다. 첫째 아이가 태어났을 때의 상태만 생각했던 나는 이루 말할 수 없는 죄책감에 사로잡혔다. 1190g으로 태어난 아이가 이렇게 작을 거라고는 전혀 상상해 보지 못했다.

'이런 내가 엄마라고, 아기를 낳았다고 밥을 처먹고 있었구나!'

뱃속에서 지켜주지 못한 미안함과 아이가 불쌍해서 가슴이 찢어지게 아팠다. 내 주먹만 한 머리에, 마우스보다 작은 몸뚱이를 하고 있었다. 팔다리는 너무 가늘고 손가락은 이쑤시개보다 얇았다.

'하나님, 왜요? 제가 전에 나쁘게 마음을 먹은 적이 있어서 아이가 이렇게 태어난 거예요? 아니면, 애 아빠를 너무 미워해서 아이가 대신 위험해진 거예요?'

아이가 나 때문에 이렇게 된 것 같은 자책감에 더 미칠 것만 같았다.

가슴이 차가운 유리판이 되어

내가 퇴원한 후에도 남편은 하루에 두 번씩, 병원으로 아이를 면회하러 갔다. 좋아지고 있다는 소식은 들을 수 없었다. 소변이 배출이 안 돼서 탱탱 부어서 위험한 날이 많았다. 아이가 위급해지면 언제 사망할 줄 모르니, 마음의 준비를 하고 대기하고 있으라고 말했다. 우리는 병원에서 혹시라도 전화가 올까 봐서 전화벨 소리에 초 민감해져 있었다.

남편과 나는 이 깊은 터널에서 죽도록 하나님을 불렀다. 남편은 내가 출산 후 입원해 있을 때, 가장 먼저 병원에서 가까운 교회부터 찾았고, 밤낮 할 것 없이 아들을 위해서 기도하고 돌아왔다.

"하나님, 아들을 살려주십시오. 살려주신다면, 이 아들을 하나님께 드릴 뿐만 아니라, 우리 가족 모두를 하나님께 드리겠습니다. 우리 아이들의 자녀들까지도 하나님께 드리겠습니다."

남편은 이렇게 기도드렸다고 말했다.

아이의 상태는 점점 나빠지고만 있었다. 모든 미숙아가 그렇듯이 장기가 미숙해서, 총체적인 어려움을 다 가지고 있었다. 하루하루가 위험한 고비였다. 아이는 심장에 구멍이 나 있었고, 혈압이 떨어지고, 신장의 기능이 떨어져서 몸이 부었고,

특히 패혈증이 있어서 굉장히 위험했다. 갈수록 상태가 심각해져서 상급종합병원을 알아봐 주겠다고 말씀하셨다. 그런데 미숙아의 심장을 수술할 수 있는 큰 병원은, 비어 있는 인큐베이터를 찾기가 어려워서 대기가 며칠에서 몇 주가 걸릴지도 모른다고도 하셨다. 그러나 옮기기로 결정한 그날, 모든 일이 일사천리로 이루어져서 그날 바로 S병원으로 아이를 옮길 수 있도록 하나님께서 인도해 주셨다.

오후에 들어간 S병원에서 밤늦은 시간에서야 검사 결과가 나왔다.

아이와 우리 부부가 걱정됐던 지인 언니가 감사하게도 병원까지 와주어서 함께해 주고 있었다. 의사 선생님은 무표정한 얼굴로 아이에 대한 검사 결과를 말씀해 주셨다. 아이의 상태는 말 그대로 최악의 상태였다. 나는 의사 선생님의 말씀이 아무 말도 들리지 않았다. 단지 마음에 남은 것은,

"곧 사망해도 이상할 것이 없는 상태입니다."

"만약에 산다고 해도, 95% 이상은 장애가 남습니다."

이 두 마디 말이었다. 검진 결과를 담담하게 듣고서, 남편과 나, 그리고 언니는 병원에서 나와서 함께 택시를 탔고, 우리 부부는 먼저 집 근처에서 내렸다.

우리 둘만 남은 순간, 참고 있었던 모든 눈물이 다 쏟아져 내렸다. 가슴이 무너져 내렸다. 아니다. 무너질 가슴도 없었다. 몸이 없어져서 투명하게 된 듯이, 매섭게 추운 1월의 바람이 내 몸통을 그대로 통과했다. 두꺼운 옷도, 뼈도, 장기도, 살들도, 나를 보호하지 못하고 다 사라지고 없었다. 울던 내 몸통은 차갑고 투명한 유리판 한 장으로 변했다. 날카로운 유리판으로 변해버린 가슴이 다시 내 마음을 찌르고 있었다.

'가슴이 시린 게 이런 거야?'

가슴이 너무 아파서 숨을 쉴 수가 없었다. 그날부터 내 가슴은 차가운 유리판 한 장이 되었다.

"여보, 우리 아들, 어떡해?"

"여보, 이제 우리 아들, 어떡하지?"

쓰러질 것 같은 나를 부축하고 있는 남편에게, 남편도 대답할 수 없는 말을 물었다.

유일하신 단 한 분

패혈증으로 위험했던 아들은 하나님의 도우심으로 다행히도 치료가 잘 되어서 위험한 큰 고비를 넘겼다. 덕분에 신장이 좋아졌고, 더 감사한 것은 개복수술을 하지 않고 약물만으로도 심장에 구멍이 막히게 되었다.

그러나, 아이는 갑자기 뇌출혈이 생겼다. 마음 놓을 날이 없던 날들에 더 힘든 고비가 찾아왔다. 뇌출혈이 5단계까지 가면 사망이라는데, 다윗은 단계가 점점 올라가더니 4단계의 뇌출혈을 찍고 말았다. 지푸라기라도 잡고 싶은 심정이 무엇인지 알게 되었다.

무엇이라도 해야 할 것 같은 나는 미숙아를 위한 모임이 있는 센터에 전화를 걸었다.

"혹시, 미숙아 중에 뇌출혈이 있어서 뇌가 다친 아이들이 좋아진 사례가 있나요?"

"아, 죄송합니다. 다른 부분은 몰라도, 뇌출혈이 4단계까지나 있다면, 도움을 드릴 수가 없습니다."

미숙아 중에서도 뇌가 다친 아이들은 징후가 좋지 않다고 이야기하고 계셨다. 나는 절망스러웠다. 아이를 살릴 수만 있다면, 건강해질 수만 있다면, 그런 의사가 있다면 달려가서 무릎을 꿇고 빌며 살려달라고 애원하고 싶었다. 무슨 짓이든 다 할 수 있을 것 같았다. 돈이 없으니, 돈으로 하는 것만 빼고는 무엇이든 할 수 있을 것 같았다. 그러나 아무리 돈이 많아도 지금, 이 나라에서 우리 아이를 살릴 수 있는 사람은 없었다. 오직 하나님 밖에.

그런데 나는 출산 후, 아들을 본 순간부터 하나님과도 별로였다. 성치 않은 몸을 끌고 교회에 나가, 예배당 맨 앞에 앉아 절규하듯 울었다. 그래도 소용이 없었다. 아침부터 밤까지 눈을 뜨나 감으나 하나님만 부르고 있었다.

"하나님! 우리 아들 좀 살려주세요!"

"하나님! 하나님, 제발이요!"

하나님의 이름을 하루 종일 불러도 아들은 좋아지지 않았다. 나는 하나님을 하루 종일 너무 불러서 어느 밤에는 하나님의 이름이 지긋지긋해졌다. 불러도 불러도 아무런 답이 없는 그 이름, 그분. 내 고통은 고스란히 내게 짊어지라 하시고, 아무 말씀도 없으신 그분. 그래서 그 이름을 부르다가, 그 밤엔 다짐했다.

'지겨워. 이제 다시는 안 부를 거야. 안 찾을 거야.'

그렇게 다짐하고 잠들었건만, 아침에 눈을 뜨면 다시 그 이름부터 찾아와서 불렀다.

"하나님!"

지금 아들을 살릴 수 있는 유일한 분, 내가 무릎 꿇고 사정

할 수 있는 유일한 분은 하나님 한 분이시니. 나는 자꾸 성경 속으로 들어갔다. 예수님 앞에 나와, 예수님을 믿은 사람 중에 병을 고침 받지 못한 사람은 한 명도 없었다. 나는 그 예수님이 오늘 내게, 우리 아들에게 오시길 간절히 바랐다. 그러던 어느 날, 기독교방송을 틀어놨는데, 목사님의 큰 외침 한 마디가 들렸다.

"기적을 믿으세요!"

기적이 일어나는 것을 믿으라는 말씀이 꽂히듯 들어왔다. 기적을 믿고 싶었다. 내 속에서 복잡한 싸움이 일어났다.

우리는 교회에서 저녁 예배 때 긴급 기도 제목을 올렸다.

중보기도의 힘은 엄청난 것이었다. 아들의 뇌출혈은 기적처럼 한 단계 낮춰졌다. 남편은 참여하는 공동체 모임에 가면 아들을 위해 기도 요청을 했다. 수십 명, 많게는 수백 명이 모여 있는 곳에서, 아들을 위해 중보기도를 해주었다고 남편이 말할 때마다, 아들의 뇌출혈이 낮춰지더니 4단계가 3단계, 3단계가 2단계, 2단계가 드디어 1단계까지로 내려가게 되었다.

이건 정말 중보기도를 통해 주신 하나님의 놀라운 기적이었다.

그런데, 이런 기적을 주심으로 기뻐함도 잠시, 의사 선생님이 말씀하셨다.

"뇌출혈은 혈액이 출혈되는 것도 위험하지만, 출혈된 혈액이 흡수될 때 더 위험한데요, 우리 뇌는 연두부 같다고 생각하면 되는데, 피가 혈관을 타고 안 지나가고, 피가 터져서 이 연두부 같은 곳을 지나가면 흔적이 남겠죠. 이 혈액이 뇌에 지나간 흔적에 따라서 어떤 장애로 남을지 모릅니다. 또 흡수될 때, 어디로 흡수되는지도 영향을 줍니다."

한마디로, 다윗의 뇌출혈은 멈췄지만, 어떤 후유증을 남겼을지는 장담할 수 없다는 말씀이었다.

말씀이 소망의 빛

아이는 상태가 좋은 장기가 하나도 없었다.

병원에 면회 갈 때마다 우리는 암울한 이야기를 들었다. 평생 산소통을 달고 살아야 할지도 모른다고 했다. 평생 밥을 먹지 못하고 코에 호스를 넣어 그 호스를 통해 미음만 먹여야 할 수 있다고도 말했다. 퇴원해도 길고 긴 싸움이 기다리고 있음을 직감했다. 나는 너무 무서웠다. 다윗이 어떤 상태가 될지 걱정이 됐고, 이 아들과 함께 살아갈 내 앞날은 도대체 어떻게 될 것일지 몰라 두려웠다.

아무것도 붙잡을 것이 없는 무너져 내리는 마음에, 남편과 함께 병원 기도실을 찾아갔을 때, 병원에서 계시는 원목 목사님이 이렇게 말씀해 주셨다.

"다윗은 다윗처럼 걷고 뛰고 춤을 추게 될 거예요."

우리를 위로하려고 그냥 뱉으신 말씀인지, 정말 예언처럼 하신 말씀인지 모르겠다고 생각했지만, 그 말씀 한마디는 캄캄한 구렁텅이 속에 빠진 우리 부부에게 비추는 한 줄기 빛처럼 반갑고 달콤했다. 숨을 쉴 수 있는 작은 숨구멍이 하나 열리는 것 같았다. 남편은 그 말씀이 가슴속으로 그냥 '쑤욱' 들어왔다고 했다.

희망의 말씀이 절망 속에 있는 우리에게 소망의 빛과 같아서, 절대 놓치지 않으려 꽉 붙잡았다.

"그래, 우리 아들은 건강하게 잘 자랄 거야!"

하나님의 크신 은혜와 베풀어주신 놀라운 기적과, 많은 사람들의 중보기도, 그리고 밤낮으로 우리 아이를 위해 연구하며 최선을 다해주신 의사 선생님과 간호사님들 덕분에 다윗은 죽음의 고비를 넘겼고, 태어난 지 74일 만에 퇴원하는 날을 맞이하게 되었다. 그 뒤로, 다윗의 통원 치료는 계속되었고, 한 쪽 눈은 미숙아 망막증 때문에 수술을 받았다.

나는 아들이 태어난 후에, 잘 먹지를 못했다. 가슴 속이 유리판으로 돼버린 그날부터 더 그랬다. 밥이 목구멍으로 넘어가질 않았다. 목구멍에 뭔가 큰 돌덩이가 있는 것이 틀림없었다. 가끔 한 그릇 비울 수 있었던 것은, 병원 지하에서 팔던 호박죽뿐이었다.

그런데 병원에서 말했다. 아이에게 가장 좋은 것은 엄마의 모유라고. 나는 밥을 먹지 못하고, 매일 몇 번씩 전동유축기로 모유를 짰다. 출산 후라서, 찬바람이 뼈에 파고들어도, 냉동시킨 모유 몇 주머니를 가방에 넣고, 아이에게 면회 가는 것만이 내가 엄마로서 할 수 있는 유일한 일이었다.

아이에게 모유를 많이 줄 욕심으로 안 나오는 모유를 전동유축기로 열심히 짰더니, 어느 날 가슴안에 있는 모든 근육이 다 없어지고 풀어져 버렸다. 가슴이 없어지고 살 껍질과 유두만 남은 곳에서 더 이상 모유는 한 방울도 나오지 않게 되었다.

가슴이 껍질만 남고 다 말라버린 나는 다윗이 퇴원한 후에도 아들에게 단 한 번도 엄마의 젖을 물려주지 못했다.

나는 그때부터 지금까지 살아온 날 동안, 어린 아들 다윗을 보았을 때도, 이제 다 큰 아들 다윗을 볼 때도, 아들이 먹는 것을 보면 너무 애처롭다. 젖을 물려주지 못한 죄책감과 아들의 가엾음이 엉켜서 내 속 마음을 울릴 때면, 한동안 감정을 추스르기가 어려웠다.

　　그러나 이제 나는, 힘들어하는 지금의 나에게 어쩔 수 없다고 다독이며 말해준다. 이것으로 인해 때때로 내가 아픈 것은 그냥 아픈 것이고, 흐르는 눈물은 또 그 반응으로 자연스레 나오는 눈물이니까 그냥 받아들이자고.

　　'되돌아갈 수 없는데, 뭘 어쩌겠는가? 하나님께 맡겨드려야지.'

　　지금은 더 이상 죄책감으로 자책하지 않고, 기가 막히게 멋지신 하나님의 긍휼하심과 회복하심이 다윗에게 있음을 믿고 선포한다!

3장

사는 것과 죽는 것 2

훈련 비용은 주님이 내신다

저주받은 여자라서

운명을 피하고 싶어서

내 속에 있는 악마를 보았다

훈련 비용은 주님이 내신다

한 치 앞도 모르는 우리에게 하나님이 하시는 일은 대단하고 놀랍다. 다윗을 임신했을 때, 잠을 이루지 못했던 것은, 출산할 때 병원비와, 줄지어 들어갈 육아비를 걱정했기 때문이었다. 그러나 그것과는 비교할 수 없을 정도로, 우리 아들에게는 일반 출산비에 비하면 거액의 출산 비용과 엄청난 병원비가 들었다.

하루 검사비로만 백만 원이 훨씬 넘는 청구서를 받게 되었다. 죽을지도 모르는 아이의 상태를 바라보기에도 벅찬데, 그런 우리에게 주어진 병원비 청구서는 정신을 차릴 수 없게 만들었다. 그러나 그 정도의 검사비 명세서는 시작에 불과했다. 감당할 수 없는 병원비가 쌓여갔다.

다윗은 새해가 되고 며칠 지나지 않아서 태어났다. 병원에서 다윗의 출생일을 보고, 우리에게 희망적인 소식을 전해주었다. 전년까지는 지원이 없었지만, 새해 1월 1일부터 미숙아를 위해서 아동 후원단체에서 지원하게 되었다고 했다. 다윗은 다행히 며칠 차이로 이 후원비를 받을 수 있었다.

감사하게도 병원과 후원단체가 연계된 이유로 병원에서

의료비를 감면해 주는 혜택도 받을 수 있었다. 이 모든 것이 하나님의 은혜였다.

그리고 우리는 남편 회사와 또 교회에 계신 많은 지인분들에게 도움을 받았다. 다윗을 위해서 주셨기 때문에 전부 온전히 다윗의 치료를 위해서만 쓰려고 따로 통장을 만들었다. 생활비와 철저하게 분리하기 위해서였다.

다윗이 퇴원 하고, 약 1년, 정기 검진이 계속 이어지던 어느 날, 의사 선생님으로부터 기쁜 소식을 들었다.

"다윗은 이제 졸업해도 되겠는데요!"

더 이상 정기 검진을 오지 않아도 된다는 소식이었다. 신기하게도 그날은 다윗을 위한 통장의 잔액도 딱 맞춰서 끝나는 날이었다.

'하나님이 하시면, 이렇게 일하시는구나! 하나님, 멋지시다!'

나는 임신했을 때, 출산 비용으로 들어갈 몇십만 원을 걱정했었는데, 하나님은 몇천만 원을 해결하셨다. 또 그 와중에 가게를 하며 진 빚도 또 다른 방법으로 해결해 주셨다. 그래서 빚 때문에 죽을 것 같은 삶에서도 풀어주셨다.

돌아보니 그 시간 동안 나는 학생이었고, 하나님은 교장 선생님이셨다. 내 학비를 대신 지불하시고, 쓰러질 만큼 고생하며 '하나님의 훈련학교'의 한 학년을 마치게 하셨다. 나는 조금씩 눈치채고 있었다.

'난 아마도 한 학년이 끝났구나! 그럼, 이제 또 다른 학년으로 올라가겠네!'

그랬다. 강도가 세진 새 학년이 다시 준비되고 있었다.

저주받은 여자라서

다윗은 면역력이 전혀 없었다. 의사 선생님들은 앞으로 다윗이 있을 집은 마치 무균실처럼 깨끗하길 원하시는 것 같았다.

우리 가족에게 외출을 하지 말라는 명령이 떨어졌다. 또 외부인도 출입하지 못하도록 했다. 큰아이를 유치원에 보내지 말라고도 했다. 외부에서 어떤 세균을 묻혀 올지 모르기 때문에 면역력이 없는 다윗의 생명을 위해서 적어도 취학 전까지는 그렇게 살기를 요청하셨다.

퇴원은 했지만, 다윗은 폐가 좋지 않아서, 호흡기관의 문제가 컸다.

아이는 한 번 기침을 시작하면, 멈추지 못하고 계속 기침을 했다. 그렇게 기침하게 되면 결국은 호흡기관이 좁아져서 숨을 쉬기 어려운 상태로 들어갔다. 숨을 제대로 쉬지 못하고 어렵사리 '세액 세액' 호흡하게 되면, 코와 입에 호흡기관을 확장해 주는 호흡기 장비를 대주었다. 이 장비로 호흡이 좋아질 때도 있었지만, 그렇지 못할 때도 많았다. 그럴 때면 병원에 입원하는 처지가 되었다.

좁아진 호흡기관이 막혀서 숨을 못 쉬게 될 경우에, 몇 분만이라도 뇌에 산소가 공급이 안 되면 위험한 상황이 오기 때문에, 이 기침의 문제는 나를 노이로제에 시달리게 했다. 창문을 열고 환기를 시키는 일이 아이에게 어떤 영향을 줄지 몰라서 창문 하나를 가지고서도 강박처럼 시달렸다.

매일 이불을 털고, 바닥에 먼지를 닦아내며, 혹시라도 큰 아이가 먼지를 일으키는 행동을 하면 불같이 화를 냈다. 왜냐하면, 다윗의 기침 소리 단 한 번은, 그 순간부터 밤새 괴로운 기침을 하기 시작한다는 신호탄이었고, 그 밤엔 아이가 어떻게 될까 봐 공포에 떨며 날을 새야 한다는 거였고, 병원 문이 열리자마자 두 아이를 데리고 병원으로 달려가야 한다는 뜻이었기 때문이다. 아무리 조심해도, 다윗은 몇 번의 응급 상황을 겪었다. 호흡의 문제는 아이들과 나를 고통스럽고 힘들게 했다.

남편은 소독하면서 조심스럽게 출퇴근했고, 바쁜 남편이 출근하고 나면, 나와 큰아이는 다윗과 함께 집에 갇혔다. 창살 없는 감옥과 같았다. 나는 아무도 만날 수 없었다. 교회도 갈 수 없었다. 장보기는 온라인으로 대충 사고, 대충 먹었다. 두 아이 육아의 어려움은 몽땅 내 몫이었다. 아픈 다윗의 보살핌은 나 혼자만의 몫이었다. 내 외로움도 나만의 몫이었다. 내가 밖에 나갈 수 있는 것은 다윗의 정기검진을 위해서나, 혹은 아이가 위급할 때 병원으로 달려가는 날이었다. 나는 서서히 우울증에 더해 정신병이 오고 있는 것을 느꼈다.

나는 하나님을 기다렸다.

이 문제를 어떻게 도와주시기를 기다렸다.

기다리고 기다리던 하나님은 어느 날 내게 큰 선물을 주셨다. 이번에는 아빠의 외도였다. 엄마와 아빠의 관계는 난리가 났다. 시궁창 같던 집에는 또 다른 시궁창 같은 여자가 달라붙어 왔다.

'아무리 그래도 이 정도였나? 우리 친정집은 이 정도로 엉망이었나?'

불륜녀의 횡포는 가히 놀랄 만큼 엄청났다. 드라마에서도 본 적이 없는 악독한 여자였다. 아빠와 그 여자는 지독했다.

엄마는 지옥 같은 시간으로 들어가셨다.

내가 다윗의 출산 때문에 입원했고, 또 다윗이 위독해서 병원에 면회를 다녀야 했을 때, 친정엄마가 큰아이를 돌봐 주시려고, 우리 집에 잠시 올라와 계셨다. 아빠의 외도는 그때 시작됐단다. 그래서 엄마는 내게 말씀하셨다.

"다윗이 태어났을 때, 그때 내가 집을 안 비웠으면, 그년을 안 만났을 텐데. 그럼 내 꼴이 이렇게 안 됐을 텐데, 그런 생각을 해본다."

나는 엄마에게 미안한 마음도 잠시, 이 상황이 경악스러웠다.

'딸이 태어나서 가장 힘든 시간을 보내고 있을 때, 친아빠는 외도를 시작했구나! 손주의 생명이 위독한 상황에서 그러실 수도 있는 거구나! 그리고 엄마는 이 사태가 벌어진 것에 대해 딸을 탓하고 원망하고 있구나!'

나는 하나님께 이런 큰 선물을 받고, '죽어라! 죽어라!' 하는 상황이 어떤 건지를 알았다. 나는 어두운 밤에 혼자 앉아서 나지막이 말했다.

'하나님은 내가 심심해 보이셨나 보다. 나는 몸이 이렇게 아파서, 내 몸 하나 데리고 사는 것도 벅찬데 … 돈이 없어서 이리저리 머리 굴리느라 머리가 너무 복잡한데 … 아픈 다윗을 보며 어찌할지 몰라서 마음이 불안하고 찢어지게 아픈데 … 두 아이 보며 갇혀 사는 것이 죽을 것만큼 힘든데 … 이런 내가 심심할까 봐 이런 일도 선물로 주시는구나 … 하나님은 내가 정말 심심해 보이시나보다.'

'삶이 나에게 '죽어라! 죽어라!' 하는구나! 나는 진짜 저주받은 여자구나!'

운명을 피하고 싶어서

다윗은 뇌 검사 결과, 백질연화증이라는 진단을 받았다. 운동 발달, 인지 발달, 언어 발달 등 어느 부분에서 장애가 나타날지는 앞으로 성장 과정을 통해 지켜보아야 알 수 있다고 했다.

다윗은 가장 먼저 재활의학과에서 운동치료를 받아야 한다고 했다. 다윗의 몸을 만지면서, 어떻게 치료받는지 설명해 주시며 선생님이 말씀하셨다.

"날마다 병원에 와서 재활치료를 받다 보면, 다섯 살이나 여섯 살 정도엔 걷는 모습이 정상인처럼 보일 수 있게 될지도 몰라요. 매일 오실 수 있죠?"

나는 매일 갈 수 없었다. 그날이 처음이자 마지막 치료였다. 비싼 교통비도 치료비도 없었고, 큰아이를 돌봐 줄 사람도 없었다. 나는 하나님께 맡겼다.

"하나님, 저는 이 상황을 받아들일 수가 없어요. 정기 검진 한 번 오는 것도 얼마나 힘들게 오는데, 매일 어떻게 나와요? 저는 다윗을 병원에서 치료받게 할 수 없어요. 하나님이 고쳐 주세요."

믿음이 좋아서 하나님께 맡긴 것이 아니었다. 다윗이 낫지 못한다고 해도, 지금 상황에서 병원에 날마다 가는 일은 기적을 믿는 것보다 불가능한 상황이라서 그냥 올려 드렸다.

그리고 어느 날, 밤새 기침을 해서 숨이 멎을 것 같은 다윗을 데리고 또 아침 일찍 서둘러 동네 병원에 치료를 받으러 갔다. 이번에는 선생님이 심각하게 말씀하셨다.

"애가 이 정도 상태니까, 다윗은 열 살이나, 아니면 더 클 때까지 초등학교 때까지는 학교에 안 보내고 집에서 키워야 할 것 같아요."

나는 이 말이 너무 무서웠다. 아이가 아프다는 것, 아픈 아이를 평생 키워야 한다는 것, 지금까지 이렇게 살아온 것도 피눈물 나게 서글픈데, 이제부터는 아픈 아이를 데리고 집에 갇혀서, 아이만 돌보며 살아야 하는 인생이 시작된다고?

나는 아들의 삶이 그렇게 되는 것도, 내 운명이 그렇게 된다는 것도 결코 받아들이고 싶지 않았다.

나는 좋은 성품을 타고난 여자가 아니었다. 신실하고 아름다운 어머니가 아니었다. 나는 이 상황에서 어떻게든 도망가고 싶었다. 아픈 아이를 돌보면서 그 아이를 위해 살아갈 수 있는 좋은 인격을 가진 여자도 인내심이 있는 엄마도 못되었다. 나는 나를 알았다. 나는 아직 누군가의 도움으로 자라나야 하는 어린 여자아이에 불과했다. 무서움에 정신이 번쩍 든 나는 성경책을 붙잡고 있었다.

'예수님은 다 고치실 수 있어!'

2천 년 전에 오셨던 예수님이 오늘 여기에 오신다면, 다윗을 고치실 수 있다고 믿었다.

나는 아기 다윗을 붙잡고 말했다.

"다윗! 너는 아파서 병원에 가는 일은 없을 거야!"

그리고 나에게 선포하는 말이었지만, 크게 말했다.

"나는 너를 밖으로 데리고 나간다!"

마음은 그렇게 다잡았지만, 무서웠다. 그렇지만 나는 창문을 열고, 먼지도 날려보고, 다윗을 집 밖으로 데리고 나갈 준비를 했다.

'이대로 갇혀서 영원히 살 수는 없어!'

내 믿음과 선포를 비웃기라도 하듯,

"다윗! 너는 아파서 병원에 가는 일은 없을 거야!"

이렇게 선포하고 아이를 재우고 방을 나와서 성경책을 펴면, 어김없이 다윗의 기침 소리가 들려왔다. 무시하고 말씀을 읽었다. 다윗은 기침을 했다. 내 믿음의 선포는 무너지려 했다. 가슴이 아팠다.

'믿음은 아무것도 아닌가? 말로만 존재하는가? 예수님의 치유는 이천 년 전에만 가능했던 일인가?'

나는 다윗의 기침 소리에 약해지지 않으려고 귀를 막고 말씀을 읽었다. 무너지려는 믿음 앞에 눈물이 자꾸 앞을 가렸다.

내 속에 있는 악마를 보았다

다윗이 태어나고 겨울이 두 번 지나고 나서 봄이 되자, 남편은 일본으로 파견을 나갔다. 남편 없이 두 아이를 진짜로 혼자서 키워야 하는 상황이 됐다.

나는 다윗을 데리고 집 밖으로 나왔다.

외출하지 말라는 의사의 말을 어겼다. 나는 어설픈 믿음을 가지고 있었지만, 이 믿음도 믿음이라 보시고, 하나님은 다윗을 지켜 주셨다. 가끔은 많이 아파서 함께 울며 함께 고생하기도 했지만, 다윗은 더 이상 외출 금지를 해야 할 정도의 아픈 아이가 아니었다. 이것은 놀라운 하나님의 은혜였다.

그러나 이보다 더 큰 은혜는 아픈 아들을 키우면서, 비로소 내 본 모습을 보게 하신 것이 진짜 은혜였음을 나중에 알게 되었다.

나는 착한 여자가 아니었다. 예전엔 전혀 몰랐었다. 사실은 나는 내가 정말 순하디순하고, 착한 여자라고 생각했다. 나는 신앙생활을 잘하며, 하나님을 잘 믿고 사는, 정말 괜찮은 신앙인이라고 생각했다. 그러나 아픈 아들을 키우면서 그런 나에게 의문을 품기 시작했다.

나는 정말 나쁜 여자였다.

다윗이 퇴원하고 집에 데려온 순간부터, 나는 점점 분노에 휩싸였다. 아기 다윗을 보며 화를 냈다. 내 두려움의 상태는 내가 봐도 무서울 정도였다.

"지금 사망해도 이상해할 것이 없어요. 살아난다고 해도 95% 이상은 장애아가 될 겁니다."

"장애는 분명히 있을 텐데, 어디로 장애가 나타날지는 차츰 커가면서 알게 됩니다."

이 이야기가 나를 사로잡고 있었다. 나는 다윗을 온전한 눈으로 볼 수가 없었다.

'어디가 문제지? 나를, 엄마를 알아보기는 하는 걸까?'

'예수님은 알까? 예수님이라는 단어를 이해는 할까? 예수님을 알고 영접해야, 구원받고 천국에 갈 텐데 … 다윗은 예수님이라는 단어는 듣고 말할 수는 있는 상태일까?'

아침에 눈을 떠서 잠을 잘 때까지, 아니 잠을 잘 때도, 아이가 어디가 잘못됐는지를 모르는 것에 대해 미칠 것만 같았다. 어떨 때는 괜찮았다가도, 이런저런 생각을 하다 보면 불안해서 견딜 수가 없었다. 게다가 남편에 대해 불편한 마음이 드는 날이면, 내 인생에 쌓여있던 모든 화가 아이들에게 넘겨졌다.

나는 내 속에 있는 악마를 보았다.

혹시라도 장애가 있는 연약한 아이가 있으면, 그 아이에게 마음을 더 쏟고, 더 신경 써서 돌봐주어야 하는 것이 당연한데, 나라는 엄마는 자기 아이가 장애가 있을 거라는 생각에 아이에게 분노를 토하고 있었던 것이다. 나는 나의 본모습을 알게 되었다.

'나는 악마 같은 여자구나! 내 속에 선한 것이 하나도 없구나!'

나는 내 속에 오물들을 보았다.

하루는 추운 겨울밤이었다. 1리터짜리 봉투에 음식물 쓰레기를 꼭꼭 눌러 담아서 묶고, 묶은 꼭지 끝을 두 개의 손가락으로 들고 대문을 열고 나갔다. 음식물 넣는 양동이에서 혹시라도 더러운 것이 묻을까 봐 뚜껑을 최대한 적게 잡고 열어서, 조심스레 쓰레기를 버린 후, 가벼운 마음으로 뛰어서 집으로 들어왔다.

밤에 자려고 온돌방에서 따뜻한 이불 속에 누웠는데, 자꾸만 그 쓰레기봉투가 신경이 쓰였다.

'그 음식물 쓰레기를 이 따뜻한 이불 속에 넣으면 어떻게 되지?'

'썩고 부패해서 냄새가 진동하겠지…상상만 해도 싫은데…'

그런데 내가 바로 그 음식물 쓰레기 봉투 같다는 생각이 들었다.

'속은 다 썩어 부패한 쓰레기 속인데, 겉으로는 멀쩡한척 하는 나는……'

내 몸속에 썩은 오물들이 따뜻한 이불 속에서 썩고 부패해서 터질 것만 같았다.

나는 나의 위선에 울며 치를 떨었다. 더 이상 이런 나를 데리고 살고 싶지 않았다. 무엇보다 내 변화가 절실해졌다. 내가 잘못되었다는 것을 나도 알고 하나님도 아실 터였다.

'나는 복음을 모르는 여자구나! 나는 하나님을 모르는 여자구나! 교회를 십 년도 넘게 다녔는데, 지금까지 내가 한 것은 다 종교 생활이었구나! 나는 오늘 당장 전도를 받아야 하는 여자구나!'

깊숙하게 밀려와서 부대끼게 하는, 내 속에 선한 것이 없다는 절망감에 마침표를 찍고 싶어서 답을 찾길 원했다. 어느 날, 담임 목사님의 질문에서 해답을 찾았다.

"당신 안에 성령님이 계십니까?"

그렇다. 내게는 지금 성령님이 필요했다.

나를 변화시켜 줄 수 있는 분은 성령님이라는 생각이 들었다. 그날부터 성령님에 관련된 책들을 읽었다. 어떻게 하면,

그 성령님이 나를 만나러 와 주시는지 궁금해서 읽고 또 읽었다. 그렇지만, 며칠, 몇 주, 몇 달이 지나도록, 아무리 기도해도, 읽은 책 속에서 나타나 계시는 성령님은 여간해서 나에게는 나타나시지 않았다.

하나님은, 예수님은, 성령님은 애가 타게 기다리게 하시는 분들이다.

나는 기다리고, 기다리고, 기다렸다. 짝사랑에 빠진 여자처럼 사모했다. 상사병이라고 할 만큼 성령 하나님을 갈망했다.

빛과 어두움 1

방언의 시작

밤이나 낮이나 오직 성령님의 임재를 간절히 갈망하며, 혼자서 아이 둘을 돌보며 지낸 지 몇 달이 지나가고 있었다. 어느 날 갑자기, 지인으로부터 책이 한 권 전달됐다.

"나는 아직 안 읽어봤는데, 언니한테 필요할 것 같아서요."

김우현 감독님이 쓰신 '하늘의 언어'라는 책이었다. 순간적인 느낌에 '여기에 무슨 답이 있겠구나!' 싶어서 당장 읽기 시작했다.

'방언'에 대해 쓰인 책이었다. 다 읽기도 전인데, 빨리 방언기도를 시작하고 싶어서 안달이 났다. 그때까지 내 생각은 성령님을 경험하는 것이란, 하늘의 별을 따야 할 만큼 어렵고 방법이 없어 보였기 때문에 괴로웠다. 그렇지만, '방언'이 성령님과 연결될 수 있는 통로가 되는 것이라면, 이것이야말로 내 편에서 시도해 볼 수 있는, 하나님을 만나는 유일한 방법이니 미룰 이유가 없었다.

나는 다윗을 임신할 무렵 방언을 받았다. 그때 당시 우리가 출석하는 N교회에서 성령집회가 있었는데, 방언을 사모했던 나는 순원들과 함께 가서 방언을 받았다. 비교적 어렵게.

그러고는 집에서 매일 한 시간씩 방언을 훈련했다. 흔하게 '라라라라'로 시작했던 방언이 나는 좀처럼 진전이 없었다. 다음날은 '마마마마', 그다음 날은 '아아아아', 이러다가는 '가나다라마바사'를 다 떼야 제대로 된 방언을 할 것 같았다.

물론, 무의미해 보이는 이 방언도 영의 기도이지만, 그때는 전혀 몰랐었다. 방언을 받은 지 한 달이 다 되어가는 어느 날 밤에, 아이를 재워놓고 또 방언을 시작했다.

어떤 사람은 방언을 받자마자 유창한 문장으로 방언기도를 하기도 하는데, 나는 뭐가 모자란 지 한 달이 다 되도록 똑같은 단어만 말하고 있으니, 그날은 방언하다가 참고 참아둔 화가 솟았다. 나는 기도하다가 갑자기 울면서 큰 소리로 답답함을 쏟아 냈다. 내 마음은,

'하나님, 저는 왜 이렇게만 말하는데요!'

이 생각을 하면서, 이 말을 쏟아붓듯 내뱉었는데, 그 순간 영어가 섞인 듯한 유창한 문장으로 방언이 튀어나왔다. 갓난 아이로 치자면, 옹알이 수준의 말이 한순간에 어른 수준의 말로 바뀐 기분이었다. 너무 뛸 듯이 기뻐서 입에 넣어 주시는 대로 방언을 했다.

이제 나도 긴 문장으로 방언을 할 수 있다는 기쁨과, 방언 기도를 하는 기도 자체의 기쁨이 너무 커서 하나님께 감사했

다. 또 그 감사가 가슴속 깊은 곳에서부터 벅차올라 와서 이번엔 하나님께 찬양을 올려드리고 싶었다. 그런데 방언을 멈추고 찬양을 부르기 시작하면, 애써 어렵게 문장으로 바뀐 방언이 다시 '라라라라'로 돌아갈 것만 같았다.

'어쩌지? 너무 기쁘고, 감사해서 이 마음을 찬양으로 올려드리고 싶은데…'

다시 이런 방언으로 돌아오지 못할지도 모른다는 불안감이 있었지만, 그 시간 그 순간에는 감사 찬양을 드리고 싶은 마음이 훨씬 더 크게 올라왔기 때문에, 불러드리고 싶은 찬양을 힘껏 한국어로 부른다고 불렀다. 그런데, 내가 부르고자 하는 곡조도 아닌, 그 가사도 아닌, 전혀 다른 가사와 곡조가 노래가 되어 입에서 흘러나왔다.

'어, 이건 뭐지?'

정말 너무 놀랐다.

'방언하다가 나도 모르는 노래가 나오다니!'

'이 노래가 찬양인 건 틀림없겠지?'

내가 지어서 부르는 노래가 분명코 아니었다. 곡조가 너무 아름다웠다. 그런데 나는 원래 음치다. 내 입이 부르는 대로 성대와 입을 내놓고 있었지만, 이 곡의 아름다움을 내 노래 실력으로는 따라갈 수가 없었다.

'와아아아! 내가 소프라노 가수라면! 이 아름다운 곡조를 그대로 살릴 수만 있다면 좋을 텐데…곡이 너무 아까워라….'

의도는 알았으나, 목소리가 따라가질 않으니, 찬양을 하면서 놀라움과 동시에 안타깝기도 하고 재미있기도 했다. 기도를 마치고, 컴퓨터 앞으로 서둘러 가서 앉아, 인터넷으로 검색해 보았다.

'내가 '방언찬양'이라는 것을 한 건가?'

긴가민가하며, 신기한 일이라고 생각했다. 그러고는 그날 이후로 몇 번 방언기도를 하다가, 점점 하지 않게 되었다. '나도 문장으로 된 방언을 할 수 있다.'라는 안도감에 젖었고, 더 이상 기도할 수 없도록 만드는 심각한 일들이 생겼고, 무엇보다도 나는 방언 기도의 유익함을 전혀 몰랐다. '하늘의 언어', 그 책을 읽고 나서야, 그때 방언에 대해서 내가 너무 무지했었음을 알았다.

성령님과의 음악 시간

'하늘의 언어'를 읽으면서, 처음엔 하루에 30분 정도의 기도 시간을 생각하고 방언기도를 시작했다. 아이 둘에게 EBS 만화를 보도록 틀어주고 안방에 문을 닫고 앉아서 방언기도를 했다. 이상하게도 방언은 전혀 변하지 않았었다. 거의 3년 정도의 공백이 있었는데, 그때 방언으로 마지막 기도 했던 날의 연장선상에서 시작되었다.

2007년 11월 5일, 성령님을 초대하기 위한 방언기도를 시작했다. 공교롭게도 이달의 큐티책 본문은 내가 가장 좋아하는 시편이었다. 이날, 본문의 제목은 '나의 왕 나의 하나님'이었다. 나의 하나님을 '나의 왕'이라고 부를 때 가슴 속에서 뜨거운 기쁨이 솟아올랐다.

이틀째 되는 날 큐티책에서, 조지 휫필드의 [와서 최고의 신랑 그리스도를 보라]라는 책에서 발췌된 묵상 에세이의 첫 줄에는, '그리스도의 신부가 되는 것을 다른 어떤 일과도 바꾸지 마십시오.'라고 씌어있었다. '그리스도의 신부'라는 아름다운 단어가 눈에 들어온 날, 나는 태어나서 처음으로 영적인 놀라운 세계로 초대받았다.

그날은 방언기도를 시작하고 얼마 되지 않아서, 이상하게도 방언찬양으로 바뀌었다. 애써 방언기도를 하려고 해보았지만, 자꾸만 방언이 곡조를 탔다. 음치인 내 목소리가 흉내 낼 수 없는 아름다운 곡조가 흘러나왔다.

'난처한데……방언기도는 안 나오고 왜 노래가 나오지?'

그렇게 방언기도와 방언찬양을 30분 정도 했을 때, 한 번도 써 본 적이 없는 목의 뒤쪽에서 높은음을 내려고 자꾸 애를 쓰고 있었다. 내가 말이다(?). 그건 결코 내가 아니었다. 목덜미가 조금씩 아파졌다.

"빠빠─뽀뽀뽀"

입 모양이 나도 모르게 강력한 힘에 의해서 조절이 되고 있었다. 내 입과 혀가 뭔가를 맛보고, 씹고, 이가 부딪히는 작업을 하더니 삼키기도 했다. 신기한 것은 높은음을 그렇게 소리 질러 냈는데도, 목이 쉬지도 않고 아프지도 않았다는 것이다.

셋째 날도 역시 바로 방언찬양으로 들어갔는데, 이날은 뭔가 달랐다. 방언으로 된 어떤 네다섯 음절이 되는 말이 되풀이되었는데, 이 말이 나올 때마다 다른 음을 냈다.

예를 들면 '할렐루야'라는 말로 어떤 음에서 시작하면, 시작된 음에서 점점 높아져서 내가 할 수 없는 곳까지 '할렐루야'가 올라가서 숨쉬기가 곤란해질 정도가 되면, 음이 점점 내려와서 '할렐루야'라는 소리가 작아지고 아예 없어질 때까지 내뱉었다. 이것이 계속 반복됐다. 나는 '도레미파솔라시도'의 음계를 올라가고 내려오고 있다고 생각했다. 세 옥타브 정도를 오가고 있다고 생각했는데, 음악을 몰라서 모르지만, 그 이상의 옥타브였을지도 모른다.

'나 지금 뭐 하는 거지?'

처음엔 의문투성이였으나, 조금씩 알게 되었다.

'성령님이 지금 내 안에 와 계시고, 나에게 방언찬양 은사를 주셨는데, 내 몸이라는 악기가 준비가 안 되어 있어서 그 찬양을 소화를 못 시키니까, 지금 음악 공부를 시키시는구나! 나는 지금 발성 연습을 하고 있구나!'

약 3년 전에 방언을 시작할 때도 '가나다라마바사'를 한 달 배웠듯이, 이번에는 방언찬양을 발성부터 가르치신다고 생각했다.

나는 내가 아니라, 내 몸 안에서 보이지 않는 다른 누군가가 내 몸을 주관하고 있음에 흥분하고 신기했다. 때때로 무섭기도 해서, 대적 기도를 해 보기도 했지만, 내게 귀신이 온 것이 아닌, 성령님이 계심을 확신했다. 나는 떨리고 감격했다. 얼마나 기뻤는지, 이 기도 시간을 오전뿐만 아니라 오후에도 갖기로 했다.

내 기도는 방언찬양이 거의 점령했다. 그러나 찬양을 하는 것은 아니었다. 그렇다. 확실히 발성 연습이다. '아' 입 모양을 만드시더니 '아' 소리로 낮은 음계에서부터 목소리가 나오지 않는 높은 음계까지 오르락내리락하면서 발성 연습을 했다. 나중에는 목소리가 조금 쉬기도 했지만 잠깐이었고, 목은 전혀 아프지 않았다. 성령님이 내 호흡을 성령님의 주관대로 조정하시면서, 발성 연습을 시키고 계셨다.

넷째 날은 발성이 벌써 어제와는 다른 상태가 되었다. 꽤 소리가 나오게 되자, 이날은 아주 높은 음을 집중적으로 훈련시키셨다.

또 복식호흡을 훈련받았다. 내가 다음에 뭘 할지 몰라서 가만히 기다리고 있으면, 몸이 알아서 깊게 숨을 들이마시게 되고 자연스레 배가 빵빵하게 불러 올라왔다. 배에 공기를 더 이상 넣을 수 없을 만큼 다 채워지면, 아주 조금씩 소리 없이 숨을 내뱉는 훈련을 했다. 그리고 배꼽 밑에서부터 소리를 끄집어 올리는 훈련을 했다.

'으'와 '음'의 중간 발음으로 제일 밑인 것 같은 저음부터 아주 높은 고음까지 오고 갔는데, 높은음을 낼 때 도저히 들어줄 수가 없는 찢어지는 쇳소리여서, 소리를 내다가 웃음이

나왔다. 내가 내는 소리도 웃기고, 성령님이 원하시는 그 음을 달성하는 것이 나는 불가능할 것 같아서 너무 웃겨서 한참을 웃었다.

그러다가 갑자기 노래가 시작되었다. 내 안에서 토하듯이 밀려오는 무엇인가를 정신없이 소리로 내뱉었더니, 이제껏 듣도 보도 못했던 노래가 빠른 박자로 흘러나왔다. 나는 지금껏 한 번도 해 본 적이 없는 창법으로 노래하고 있었다. 너무 놀라서 온몸에 식은땀이 흘렀다.

"와아아아아……"

'내가 이렇게 멋진 찬양을 하다니….'

그렇지만, 성령님이 원하시는 그 깊이 있는 곳까지는 아직 가지 못하고 있음이 느껴졌다. 이날의 큐티책 묵상 에세이에는 이런 문장이 있었다. 발췌한 글은 저자 문희곤의 [예배는 콘서트가 아닙니다]라는 책으로,

'하나님은 찬양을 좋아하신다'라는 제목이었고,

'하나님은 노래를 좋아하시기에 우리 입술의 찬양을 들으시고 그대로 역사하실 것이다.'

성령님이 주관하시는 기도 시간은 더 이상 따분하거나 억지로 가 아니었다. 나는 기도 시간을 기쁨으로 기다리며 사모

하지 않을 수 없었다.

다섯째 날이 되자, 자리에 앉자마자 어제처럼 소리를 높게 터뜨리며 방언찬양을 너무 하고 싶었다. 이런 마음을 아시는지 모르시는지, 발성 연습도 안 시키시고, 찬양도 안 나왔다. 오히려 찬양을 못 하게 입을 조여버리시는 느낌이었다. 꿰매셨다고 하는 표현이 더 정확할 만큼, 입이 조여졌다. 나는 마음이 무거워졌다. 한참 동안 방언기도로 씨름하며 애써 방언찬양을 불러보려고 해도 되지 않았다.

'내가 무슨 잘못을 했나? 내 죄 때문에 성령님이 내가 싫어지셨나?'

기도하면서도 별생각을 다 하게 되었다. 서운한 마음을 갖고, 시간을 보니 한 시간이 훌쩍 지나있었는데, 나는 성령님이 왜 그렇게 하셨는지 잠시 후에 깨달았다. 성령님은 좋으신 분이시고, 나를 사랑하시는 분이시다. 내 죄는 이미 예수님께서 깨끗하게 하셨다. 그러니 내 죄 때문에 내가 싫어지셨다거나, 나를 혼내고 계신다거나 하는 그런 생각은 말도 안 되는 오해이다.

나는 사실 요 며칠, 몸이 아주 몹시 피곤했다. 오전과 오후에 기도했는데, 방언기도를 할 때마다 음악 훈련도 함께하다 보니, 몸에 에너지가 많이 소모되기 때문에 기도하고 나면 녹

초가 되었다. 그래서 기도하러 방에 들어가기 전에 일부러 간식을 먹어서 배를 채우고 들어갔다. 성령님은 집중 방언기도를 하며, 음악 훈련을 받은 지 5일째가 된 내가, 그날따라 몸이 굉장히 피곤해서 체력이 되지 않는 걸 이미 알고 계셨다. 내 영과 혼은 새로운 세계를 맛보고 신이 나서 찬양을 하고 싶어 했지만, 내 입을 조여서 방언찬양을 못 하게 하심은 나를 향한 음악 선생님의 따뜻한 배려임을 알았다. 그날도 전날과 똑같이 발성 연습을 했다면, 나는 아마도 쓰러졌을 것이다.

성령님의 놀라우심은 내 체력에 대한 배려만 하시는 것이 아니었다.

나는 기도를 시작할 때, 예를 들어, 어떤 날은 '오늘은 5시까지 기도하겠습니다.'라고 말하고 기도를 시작한다. 그러면 신나게 기도하다가 어느 순간, 입이 오므라들거나, 방언이 멈추어서 더 이상 기도가 나오지 않게 되어 시계를 보면, 시계는 어김없이 5시를 가리키고 있었다. 어떤 날은 내가 시간을 정하지 않고 기도를 하다가 기도가 갑자기 멈춰져서, "예수님의 이름으로 기도했습니다. 아멘."하고 나면, 마치자마자 초인종이 울리고 택배가 도착하기도 했다. 어쩌다 한 번이 아니라, 비일비재하게 일어났다.

또 어떤 날은 오전에 정신없이 기도하다 보면, 기도를 더 해보려고 해도 집중이 안 돼서 마무리하고 일어나야 할 때가 있었다. 정신을 차리고 보면, 애들 식사 시간을 잊어버린 거였다. 성령님은 아이들 둘을 밥 먹일 시간을 넘겨서까지 기도하라고 붙잡고 계시지 않으시는 '어른'이시라는 생각이 들어서 나를 감동하게 해 주셨다.

방언기도와 방언찬양의 능력

성령님께서 나의 몸을 악기로 만드시는 훈련은 그 후로도 간간이 몇 번 있었지만, 음치가 웬만큼 노래할 수 있도록 기본을 장착하시는 데는 일주일이 걸리지 않았다. 성령님은 몸이 악기로 준비된 내게 방언찬양으로 기도하게 하셨는데, 곡이 아주 다양해서 어느 날은 찬양할 때 몇 가지의 스타일로 노래를 하는지 궁금해서 세어 본 적이 있었다.

소프라노 가수처럼, 오페라에서 마치 아리아를 부르는 것처럼, 흑인 스타일처럼, 래퍼처럼, 발라드 가수처럼, 어린이가 동요를 부르는 것처럼 등등 내 창법은 열두 가지를 넘어가고 있었다.

이 놀라운 일들은 성령님이 함께하심을 인정하게 됨은 물론이고, 나에게 더 깊이, 보다 더 깊이 하나님의 임재 속으로 들어가고 싶은 열망을 불어넣어 주었다.

나는 방언찬양이 끝나면 찬양의 곡조가 대부분 기억나지 않았고, 내 원래 목소리로는 방언찬양할 때 나오는 목소리를 흉내 내지 못했다. 그래서 보통 찬양할 때, 나 자신이 성령님께 사로잡혀 있는지 아닌지 어느 정도 가늠할 수 있게 되었다.

또 방언과 방언찬양으로 하는 기도는 놀라운 영적 세계로 인도해 주었다. 먼저는 방언찬양은 내가 부르고 내 귀로 들으면서 나 자신이 위로받게 해주었다. 또 때로는 영적 전쟁을 준비시켜 주는 강력한 무기가 되었다. 통변이 되지 않았기 때문에 찬양의 내용은 모르지만, 느낌으로 알 수 있었다.

그리고 방언으로 찬양할 때, 가끔 한국어로 부르는, 내가 아는 곡조의 찬양이 흘러나와서 부를 때가 있는데, 이 찬양 가사는 하나님이 내게 주시는 메시지가 되기도 했다.

나는 하나님께서 내 생각을 얼마나 잘 아시는지가 진짜 실감 나서 놀라기 일쑤였다.

때때로 방언찬양을 하다가 그 찬양이 계속 반복되면 지루해질 때가 있다. 사실은 부르게 하시는 찬양이 전부 다 아름답고 재미있는 것만은 아니고, 또 나와 코드가 안 맞는 것도 있다. 그러면 나는 참고 참다가 속으로 말했다.

'성령님, 이 찬양 말고 다른 걸로 바꿔주세요.'

마음속으로 말할 때, 내 생각을 아시는 성령님은 내 생각이 '주세요.'까지 내뱉기 전에, "요"가 나오기 전에, 벌써 완전히 다른 찬양을 부르고 있게 하셨다.

방언도 그랬다. 무슨 말인지도 모르는 방언이 지루해지고, 인내가 필요한 구간이 나올 때면,

'성령님, 이 방언 대신 다른 방언으로 바꿔주시면 안 돼요?'

생각하면, "요"가 끝나기 전에 방언을 다른 색깔, 다른 언어로 바꿔 주셨다. 나는 이렇게 방언을 통해서 나와 밀착되어 다 알고 계시는 하나님, 방언을 따분해할 때, 꾸짖지 않으시고 이해해 주시는 인자하신 하나님, 무엇보다 살아 계신 하나님에 대해 알아가고 있었다.

시간이 지날수록 방언찬양의 능력이 대단함을 실감했다.

첫 사건이 터진 날이 있었는데, 그날도 앉아서 방언찬양을 하고 있었다. 그런데 갑자기 찬양이 멈춰지고 곡이 없이 방언

이 나오는데, 목소리가 이상하게 나왔다. 소리는 방언인데, 이 것은 흡사 귀신의 목소리 같았다. 영화나, 애니메이션에서 나 오는 악마나 괴물의 목소리 같았다. 내 입에서 나오는 이 섬뜩 한 목소리에 소름이 끼쳤지만, 소리를 멈출 수도 없었다. 이 악마인지 괴물인지 모르는 존재는, 마치 나와 하나님을 공격 하는 것만 같았다. 나는 방언을 끊고,

"예수 그리스도의 이름으로 명하노니 더러운 영은 떠날지 어다!"

이렇게 선포했다. 물론 이 목소리도 괴물의 목소리로 나왔 다. 이 괴물 목소리가 처음에는 강력하게 나를 씹어 먹을 듯한 목소리로 덤볐다. 나는 식은땀을 뻘뻘 흘리며, 괴물 목소리로 나오지만 예수 그리스도의 이름으로 대적 기도를 했다.

예수님의 이름을 외치다 보니, 내 입에서 나오는 괴물 목 소리가 점점 숨이 끊어질 것 같은 소리를 냈다. 물론 숨이 끊 어질 것 같은 것도 내 몸이다. 점점 괴로운 듯 소리가 작아지 다가 멈추면, 내 속에서 긴 호흡이 새어 나왔는데, 이 호흡은 한참을 입 밖으로 뽑아져 나오듯이 나왔다. 이것은 뽑아낸다 는 표현이 맞을 것이다. 나는 울면서 배를 움켜잡고 이 숨을 끝까지 내쉬고 있었다. 콧물, 눈물, 침이 범벅이 되었다.

한 번도 본 적도 없고 들어본 적도 없는 이 상황에 어찌할

바를 몰랐다. 몸속에서 호흡이 다 빠져나간 듯, 정신을 차리고
나니 다시 방언으로 찬양이 나왔다. 어느새 악마 같은 목소리
는 사라지고, 그동안 방언찬양할 때도 들어보지 못했던 맑고
청아한 목소리로 찬양이 입에서 흘러나왔다. 그래서 알게 되
었다.

'방언과 방언찬양이 내 안에 있는 어두운 것을 쫓아내었
구나!'

이렇듯 방언찬양에는 강력한 힘이 있음을 경험을 통해서
확신하게 되었다.

그 뒤로도 방언찬양을 할 때, 이렇게 어두운 영이 떠나가
는 날이 많아졌다. 소름 끼치는 웃음을 웃는 악한 영이 있었
고, 처음부터 괴로움에 절어 있는 목소리를 가진 악한 영도
있었다. 두목처럼 보이는 거만한 목소리를 하면서 나를 위협
하는 악한 영도 있었다.

이 어두운 영들은 빼도 빼도 나왔다. 어떨 때는 첫날 경험했
던 것처럼 입을 통해서 긴 호흡으로 나갔고, 어떤 날은 코로 빠
져나가기도 했다. 어떤 날은 헛구역질이 나오거나, 토하듯이
가래나 기침으로 나갔는데, 나는 이 방법이 제일 힘들었다.

이렇게 나를 힘들게 하며 안 나가려고 버티는 악한 영들이

있는가 하면, 숨을 몰아쉬듯 짧은 호흡으로 나가는 것들도 있었다. 또 어떤 때는 연거푸 하품이 나기도 했다. 이런 여러 작업은 악한 영이 나갈 때 일어나는 일이기도 하지만, 내 마음속 깊은 곳에 붙어 있던 부정적인 쓴 뿌리들이 올라와서 씻어지는 작업이기도 하다는 것을 나중에 알았다.

확실한 것은 이런 작업이 있을 때마다, 몸이 조금씩 가벼워진 것 같은 느낌을 받았다. 그리고 예수 그리스도의 이름으로 승리했다는 기쁨이 넘쳤다.

보이지 않는 영의 실체

방언과 방언찬양을 하면서 첫 번째로 바뀌게 된 것은 영적인 민감함이다.

그때 당시에 재미있게 보고 있던 드라마가 있었다. 그런데 방언으로 기도할 때, 영적으로 깊이 들어가는 듯하다가 그 드라마 장면이 보이면서 방해를 받게 되었다. 아무리 애써도 기도를 이어갈 수가 없었다.

'기도를 방해하는 영상이 있구나!'

그 후로는 기도를 방해하는 드라마나 프로그램은 아무리

재미가 있어도, 두 번은 보지 않게 되었다.

또 방언찬양을 하면서 음악에 민감해지게 되었다. 찬양이 아닌 다른 노래에 대해서 굉장히 민감해졌다. 신앙생활 초반에는 깨닫지 못했지만, 곰곰이 생각해 보면, 음악은 생각하는 것 이상으로, 영적으로 중요한 매체이다. 내가 죽기를 마음먹고 자살을 시도했을 때, 나는 그 당시에 가장 유명한 대중가요에 완전히 빠져 있었다. 가사를 다 외웠고, 되씹으며 음미했고, 그 가사에 삶의 의미를 두었고, 어찌 보면 그 음악이 나를 지배하고 있었다.

세상 음악을 들으면 그 노래가 방언찬양을 할 때 영향을 주었다. 그래서 나는 영상보다 더 엄격하게 될 수 있으면 세상 음악을 듣지 않기로 했다. 하나님과의 교제의 통로가 되는 노래를, 세상의 음악 때문에 오염시키고 싶지 않았다.

나중에 안 사실이지만, 언제부터인지 내 입에서 세상 노래가 흥얼거려지는 때는, 내가 영적으로나 육적으로 뭔가 고장이 났을 때라는 것을 알게 되었다. 어쩌다가 무의식중에 대중가요를 부를 때가 있다. 기억하는 노래가 몇 개 있지도 않지만, 내 취향에 맞는 너무나 슬프고 아름다운 대중가요가 있는데, 내 입에서 그 노래가 나올 때면, 나는 이미 영적으로 균열이 생긴 상태라는 것을 알게 되었다.

그렇게 세상 노래가 호흡처럼 입에서 흘러나올 때, 그때는 영적으로 빨간불이라서, 빨리 하나님 앞에 나가서 응급처치를 받아야 하는 시간이다.

하나님은 살아계시고, 나와도 함께 해 주신다는 것을 한 조각의 의심 없이 받아들이게 되었을 뿐만 아니라, 그분이 얼마나 따스하시고 인격적인 분이신지도 알게 되었다. 내가 말하지 않아도 내 생각을 모두 알고 계시며, 내 주변에서 일어나는 모든 것까지도 관리해 주실 수 있는 분이심을 알았다.

그리고 또 알았다. 성령님도 실체시지만, 악한 영도 실체가 있다는 것을. 그 악한 영들이 다양한 소리를 내며 내 속에서 빠져나갔으니까 말이다.

그래서 나는 악한 영에 대해 조금은 안다고 생각했으나, 나는 악한 영을 전혀 몰랐다. 착각과 무지투성이였다. 그때 내게서 나간 악한 영들은 약하고 힘없는 것들이었고, 진짜 악랄한 것들은 더 독기를 품고 버티고 있었다는 것을 아주 오랜 후에 알았다.

어쨌든, 그때는 영적으로 햇병아리인 어린아이 앞에, 앞으로 어떤 영적 전쟁이 기다리고 있는지도 모르면서, 내게 붙어 있는 모든 더러운 것들이 다 떠났다고 믿고 있었다.

한국 땅을 떠나기 전에

그 무렵 남편은 관광비자로 3개월씩 나눠서, 일본에서 세 번째 파견근무를 하고 있었다.

N교회에서 시작한 대대적인 일본전도 집회를 정기적인 집회로 자리 잡게 하고, 그에 발맞추어 세워진 기독교방송국 일본지국을 담당할 직원들이 필요했기 때문이다.

일본 목사님들과의 신뢰를 위해서는 3개월씩 로테이션 되는 PD가 아닌, 일본에 상주해서 일하는 사람이 필요하다는 것을 남편은 절실히 느끼고 있었다. 그런데도 일본에 가서 일을 하려는 사람은 거의 없었다. 그래서 남편은 대단히 큰 결정을 내리게 되었고, 가족이 다 같이 일본으로 가는 절차를 밟게 되었다. 결코 순조롭지만은 않았지만, 순식간에 가족이 전부 일본으로 가는 결정이 내려졌다.

내 인생에서 단 한 번도 생각해 보지도 못했던 일이 일어났다.

그러나 한편으로는, 내게 그런 성령님의 임재를 체험하게 하신 이유는, 우리 가족을 일본으로 보내시기 위한 준비 작업이었을지도 모른다고 생각하게 되었다.

순식간에 비자가 나왔고, 마음의 준비를 할 겨를도 없이 이삿짐을 정리하게 되었다.

그즈음 교회에서는 특별 새벽기도회가 있었다. 아이들하고만 있어서 교회에 가지 못했기 때문에 영상이 아닌 본당에 가서 예배드려 보는 것이 소원이었다. 해외 이사를 앞두고, 다행히도 남편이 한국에 돌아와 있어서, 일본으로 떠나기 전에, 소원이던 특별 새벽기도를 교회 본당에서 드릴 수 있었다. 새벽예배 시작 시간 두 시간 전부터 예배당은 꽉 차서, 우린 거의 뒷자리에 앉았다. 모든 성도가 예배 시작 전에 조용하게 기도하고 있었다. 정말 조용하게 기도하고 있었다.

나도 조용히 기도하고 싶었지만, 입속에서 터져 나오는 방언찬양을 주체할 수 없었다. 소리를 내면 안 되는 상황인데 자꾸만 찬양이 입 밖으로 흘러나와서 꾹꾹 눌러 참고 있었다.

'정말 너무 찬양을 하고 싶은데, 하나님께 소리 내어서 찬양드리고 싶은데 어떡하지?'

이런 생각을 하며 기도에 집중하고 있는데, 갑자기 나도 모르게 오른손이 공중으로 점점 들어 올려졌다. 호기심 반, 혹시나 반으로 나 자신이 뭘 하는지 눈을 감고 느끼고 있었다.

'이거 뭐 하는 거지?'

결단코 내가 올린 것이 아니었다. 나는 당황했다. 팔이 혼자서 무슨 힘에 이끌리듯 올려지더니, 손목이 원을 그리면서 돌려지기 시작했다. 순간적으로 이 상황에 당황했지만, 나는 알 수 있었다.

'아, 소리 내어서 찬양하고 싶은 것을 참으니까, 몸이 대신 찬양을 하는구나!'

나는 혹시라도 누가 볼까 봐 걱정되고 창피하기도 했다. 그러나 그보다는 감격해서 눈물이 쏟아졌다. 성령님께서 내 몸에 또 다른 일을 행하고 계신다는 사실을 온몸으로 느끼고 있었기 때문이다. 그러나 혹시 몰라서 틈틈이 대적 기도를 했다. 그러든지 말든지 상관없이 손이 더 열심히 곡선을 그리며 움직였다.

나는 옆자리에 앉아서 이상한 짓을 하는 나를 쳐다보는 남편의 눈치를 보며, 손목을 돌리면서 남편에게 말했다.

'내가 이러는 게 아니야. 손이 저절로 움직이고 있어.'

평소 부끄러움을 많이 타는 내 성격을 아는 남편인지라, 내 말을 믿어주었다. 난감했지만, 기쁨은 두 배로 컸다. 일본

으로 떠나기 전에, 사랑하는 교회에 가서 마지막으로 예배드
릴 기회를 주신 하나님께 감사했다.

또 우리는 출국 전날, 며칠을 고민하고 걱정했던, 처분이
곤란했던 큰 가구들이, 채 몇 분도 안 되어 순식간에 다 빠져
나가고 정리되는 신기한 일을 경험하게 되었다. 큰 장정들이
어디선가 '큐!' 사인을 받고 움직이듯, 기다렸다는 듯이 순서
대로 들어왔다가 나가며 짐을 다 빼주고 갔다. 남편과 나는 기
적이라고 할 수밖에 없는 상황 앞에서, 하나님께서 이사를 주
관하고 계신다고 확신할 수밖에 없었다. 남편이 말했다.
"와아, 하나님은 일하실 때 이렇게 시원하게 하시는구나!"
"하나님이 우리를 일본으로 보내시는 게 맞나봐, 그렇지,
여보?"

빛과 어두움 2

왜 일본이지?

'많고 많은 나라 중에 왜 일본이지?'

사실 이 질문 속에 '하필이면'이라는 단어를 넣어야 할 것이다. 내 속마음은 그러했다.

결혼하기 전, N교회에서 예수제자학교(JDS)라는 프로그램을 통해서 훈련을 받았었다. JDS에서 거의 마지막 훈련으로 해외 아웃리치가 있었는데, 나는 날짜가 짧고 저렴한 경비로 다녀올 수 있는 일본 오사카를 택했다.

우리 팀은 노방 전도를 마치고 마지막 날 즈음에 오사카성을 가게 되었다. 성의 위로 올라갈수록 폭이 점점 좁아졌는데, 어느 정도 올라가니, 사방으로 돌아가며 풍경을 감상할 수 있는 공간이 나왔다. 나는 이 땅을 떠나기 전에 일본을 위해서 기도하고 싶었다. 여리고성을 돌 듯이 일곱 바퀴를 혼자 돌면서 기도했다.

이 땅에 우상이 무너지기를. 이 땅에 복음이 전파되기를.

나는 일본 땅에서 느껴지는 답답하고 어두운 영적 무게가 싫었다. 이 땅의 부흥은 대단한 사명감이 있는 훌륭한 누군가에게 맡겨두고, 나는 온 김에 기도라도 진심으로 하고, 훌훌

털듯이 떠나고 싶었다. 그래서 더 마음을 모아서 기도했다. 그리고 나는 하나님께 말씀드렸다.

"하나님, 혹시 저 같은 사람도 선교하는 사람으로 쓰신다면, 만에 하나 제가 선교를 하러 어떤 나라에 가야 한다면, 일본만은 빼고 보내주세요."

오사카성 위에서 그 땅을 바라보며 했던 그 기도는 정말 진심이었다.

그 후, 약 7년 만에 혼자였던 내가 네 명이 되어 일본 오사카 땅에 들어와서 서 있었다. 나는 몇 번이나 내 발등을 찍고 싶을 때가 있었다.

'너는 왜 그날 오사카성을 돌고 그랬냐? 누가 시키지도 않았는데! 혼자서! 진심으로 오사카성을 돌아서 하나님 눈에 콕 찍힌 거 아니냐?'

하나님은 모든 것을 보고 계신다는 것을 잊고 있었다. 그리고 그땐 몰랐다. '거기만 빼고'라는 기도를 드리면, 하나님은 꼭 '거기'에 보내신다는 전설을.

그러나 생각해 보면, 일본은 내게 너무 특별한 미우라 아야코 작가의 나라였다.

교통사고 후에 교회를 끊었다가, 다시 하나님을 믿어보자고 결심하게 된 것은 기적처럼 주어진 책, 미우라 아야코 작가의 세 권의 간증책 덕분이었다.

남편은 처음 홀몸으로 일본에 왔을 때, 미우라 작가에 대한 다큐멘터리를 찍게 되었다. 많고 많은 작가 중에, 나를 다시 교회로 인도해 준 간증책을 쓴 미우라 작가, 그분의 다큐멘터리를 나의 남편이 제작한다는 것은 우연일 수 없었다.

그리고 이제 우리는 미우라 작가의 나라에서 살게 되었다. 그 시절과 다름에도, 어느 골목에 들어서면, 작가가 책에 묘사해 둔 일본의 분위기와 공기가 느껴지기도 해서 묘했다. 이 모든 것이 하나님의 인도하심이라고 믿지 않을 수 없었다.

나는 일본에 오자마자, 약 1년 정도 일본 내에 기독교 역사와 교회, 또 그리스도인들의 이야기를 담은 몇 편의 다큐멘터리 구성작가로도 일하게 되었다. 일본에 관심도 없었고, 잘 알지도 못했던 나를 하나님은 이런 방법을 통해서 속성반으로 가르치셨다고 생각한다. 덕분에 일본에 대해서, 한국에서 몸에 밴 그대로 부정적인 눈으로 보지 않고, 긍휼과 이해의 눈으로 볼 수 있게 해 주셨다.

하나님의 프러포즈

낯선 땅에서 시작된 일본 생활이 무엇이 힘들었을까?

통하지 않는 언어와 또 온돌방이 아니어서 집 안에서 옷을 껴입어야 하는 추위와 그리고 이방인으로서의 고립감이었다. 마지막으로 하나 덧붙인다면 예고 없이 찾아와 흔들리는 지진의 공포였다. 나는 유난히 지진이 무서웠다.

그 밖의 어려움들은 어느 나라에 가도, 어디에서나 있는 문제들이다. 한국에 있었어도 감당해야 하는 육아 전쟁과 재정 문제, 내가 가진 육신의 아픔 문제, 부부와의 갈등 문제 등등, 사람이 살아가는 데 겪게 되는 문제들이 똑같이 있을 뿐이라고 생각한다.

우리가 일본에 도착한 해에는 환율이 좋지 않았다. 남편의 급여는 한국에서 원화로 받았기 때문에, 그때 당시 엔화로 바꾸면 몇십만 원이 공중으로 날아갔다. 부족한 엔화를 벌기 위해, 남편이 일하는 오사카지부 방송국에서 편집 아르바이트를 하게 되었다. 그때 당시 오사카지부에는 정직원이 남편을 포함해 단 두 명뿐이었다.

일본의 선교 사역을 위해서 시작된 일본 기독교방송국은,

도쿄와 오사카에 있는데, 도쿄에는 본부가 있고, 오사카지부
는 간사이 지역을 비롯한 주변 지역을 담당하고 있기 때문에
적은 직원이라도 없어서는 안 되는 중요한 지부이다.

  남편은 일본의 전국을 다녔다. N교회에서 추진하는 일본
전도 집회를 시작으로 일본 기독교방송국은 일본 전역에 위성
방송 안테나를 공급하고 있었다. 때마침 불기 시작한 한류를
타고, 해마다 두 번씩 한국과 일본에서 유명한 크리스천 연예
인들까지 동원되어 대대적인 전도 집회를 열었다. 무너져가고
힘이 없는 일본 교회를 교단과 교파를 묶어서 하나가 되게 하
고, 잃어버린 자녀를 부르기 위한 하나님의 놀라운 사랑의 프
러포즈였다.

  지역마다 수많은 사람들이 초대되어 와서, 예수님에 대한
메시지를 들었고, 한국 N교회 봉사자들로부터 흘러가는 예수
님의 사랑에 감동했다.

  또, 일본에서 같은 지역에 있어도 교단과 교파가 다르기도
하고 서로 왕래할 일이 없었던 같은 지역의 목사님들이, 그
지역의 전도 집회를 위해서 서로 만나고, 함께 기도하면서 하
나가 되는 일들이 일어났다. 전도 집회가 열리는 1년여 전부
터 시작하여, 전도 집회가 끝난 후 지금까지도 지역의 목사님

들이 매달 만나며 함께 기도하고 교제하게 되는 연결 고리를 만들어주게 된 것이다.

별로 좋아하지 않는 말이지만, 일본을 '선교사의 무덤'이라고 표현하듯이, 일본 선교는 어렵다고 한다. 그렇다면 일본 땅에서 묵묵히 교회를 지키고 있는 목사님들은 오죽이나 힘드실까?

일본의 목사님들은 성도 수가 몇 명 되지 않고, 그렇다 할 변화도 없는 교회에서 평생 목숨을 바치듯이 헌신하며 사시다가, 이제 나이 들어 늙으신 목사님들이 대부분이다. 이 귀한 목사님들에게 한국에서 온 기독교방송국이, 깊은 시골에 있는 교회까지 찾아가서 목사님들의 설교를 촬영하여 방송으로 설교를 내보내고, 또 목사님들의 교회를 소개할 수 있게 된 것은, 많은 목사님에게 단비와 같은 기쁨이며 깊은 위로가 되었다.

남편은 가끔 눈물을 훔치시며 손을 잡고 고마워하시는 목사님들의 이야기를 해주었고, 이따금 나도 목사님이 카메라를 보며 설교하시다가, 하나님 앞에서 만감이 교차한 표정으로 눈물을 흘리시는 모습을 보았다. 그 모습을 보며 함께 울컥해서 울었다. 더러는 인터넷을 사용하는 젊은 목사님들이 계시기도 했지만, 대부분의 나이 드신 목사님들에게는 평생 걸어

온 긴 사역의 여정 중에 단 한 번도 없었던 새로운 바람의 노크였다. 그리고 많은 목사님이 그 문을 열고 생기를 얻어 흥분하며 힘 있고 따사로운 성령의 바람을 만끽했다.

읽지도, 듣지도, 말하지도

이런 자랑스러운 사역의 뒤편에, 나의 삶은 초라하기 그지없었다.

남편은 출장이 많았다. 출장이 없는 날에도 남편은 나름 혼자만의 방황의 시간 속에 있었다. 나중에 알았지만, 남편은 오사카에서 머무는 시간이 마치 유배지에 버려진 것과 같은 느낌이었다고 했다. 남편의 방황과 고독은 꽤 깊었고, 그런 남편의 뒤에 있는 나도 힘들고 외로웠다.

일본에 막 도착해서 언어를 배운 것은 하루 두 시간씩, 두 달 정도의 시간이었다. 언어를 배우러 다니는 시간은 내게 꿀처럼 달았다. 계속 다니고 싶었지만, 시간적으로나, 재정적으로 허락되지 않았다. 사실 초급도 떼지 못한 나는, 필요한 말을 할 수도 들을 수도 없었다. 시간을 쪼개고 쪼개서 아무리 열심히 살아보아도, 애들을 재우고, 일과를 마치고 나서 일본어 책을 펼 수 있는 시간이란 정말 턱없이 부족했다.

그래서 시작됐다. 읽지도, 듣지도, 말하지도 못하는 답답한 시간이.

안타깝게도 그때 시대에는 스마트폰이 없었고, 언어번역기도 없었다. 나는 일본어 글을 읽을 때마다, 어렸을 때 배운 한문을 기억해 내면서, '대략 이런 내용의 글인 거 같다.'라고 생각하며 짐작으로 살아갔다.

다들 외국에 오면, 먼저 그 나라 언어부터 배워서 살아가는데, '나'라는 존재는 바보거나 게으른 자로밖에 보여지지 않았다. 아무도 이런 나를 이해하지 못했다. 나 자신이 나를 용납할 수 없어서 더 비참했다.

아침부터 밤까지 아르바이트하고, 아이 둘의 육아를 독박으로 하고 있고, 잠을 제대로 자 본 날이 언제인지도 모를 만큼 바쁘게 살고 있기 때문에 언어 공부를 할 시간이 없다고 핑계 대며 말할 곳도 없었다.

나는 말 그대로 어디를 가나 바보였다. 애써 할 말을 만들어서 질문하면, 고맙게도 상대방이 잘 알아들어 주었다. 그러나 상대방이 대답하는 말을 알아들을 수 없으니, 그다음에는 쥐구멍을 찾아야 했다. 완전 바보인 것만 다시 확인받고 집에 돌아와서 울었다. 나가면 마음 아픈 일이 생기니, 차츰 밖에 나갈 일을 될 수 있으면 없앴다.

아이들이 아파서 병원에 갈 일이 생기면 젖 먹던 힘까지 끌어내어 얼굴에 철판을 까는 용기를 만들어 내야 했다.

만약에 내 성격이 조금 달랐다면 무슨 상황에서도 극복해 낼 수 있었을 것이다. 그러나 나는 한국에서도 모르는 사람에게 말을 거는 성격이 아니었다. 잘하는 한국말로도 말을 안 했던 사람이 못하는 일본말로 말한다는 것은 발가벗는 것만큼이나 어려웠다.

그래서 나는 말도 못 하는 무지한 외국인으로 살았다. 아이들도 덩달아 불쌍해졌다. 듣지도, 말하지도 못해서 무시당하는 엄마가 됐으니까. 나는 점점 더 깊은 우울 속으로 들어갔다.

'하나님, 공부할 시간이 없어요. 핑계가 아닌 거 아시잖아요. 만약에 내게 시간이 있다고 해도 학원에 다닐 돈도 없잖아요. 하나님, 저는 이 땅에서 장님이 됐어요. 저는 듣지도 못하는 귀머거리가 됐어요. 저는 벙어리가 됐어요. 저는 왜 이렇게 살아요? 언제까지 이 모습으로 살아야 되요? 선교사면 언어를 배우고 왔어야지요. 여기 사는 한국 사람 중에 일본말을 못 하

는 사람은 저밖에 없어요. 하나님, 이런 게 기쁘세요?'

나의 자존감은 땅바닥을 넘어서 지하 더 지하 더 지하 어디 끝까지 떨어지다 못해서 파고들어 가고 있었다. 나는 깊은 우울 속에서 스스로 내가 저주받은 인생임을 더없이 깨닫고 있었다.

"예수님은 우리의 죄를 대신하시기 위해 십자가를 지셨지. 우리의 죄! 모든 인류의 죄라고! 나를 위해서 죽으신 게 아니라, 모든 인류를 위해서 죽으셨는데 어쩌다 보니 그 사이에 나도 끼어있게 된 것 뿐이라고!"

나는 매일 벼랑 끝에 내몰렸고, 어서 뛰어내리기를 기다리는 시선을 느꼈다.

"그래, 하나님은 모두를 사랑하시지. 하나님은 모든 사람을 다 사랑하시는데, 나는 아니야. 나는 하나님이 사랑하지 않는 자의 샘플로 만드신 것 같아. 나는 하나님의 저주를 받은 게 틀림없어. 내 인생을 보면 알잖아."

몸으로 찬양을 드리다

일본에서는 맞벌이하는 부모님들을 위해서 영유아들을 돌

봐주는 곳을 보육원이라고 하는데, 감사하게도 하나님께서 교회에서 운영하는 보육원을 찾아 주셨다. 이 건물은 1층과 2층에 아이들을 위한 보육원이 있고, 붙어있는 건물에 교회가 있었다. 일본에 있는 교회는 일반 건물에 사무실을 세내어 교회로 쓰는 경우가 흔한데, 이 교회는 벽돌을 쌓아 올려서 만든 네모반듯하고 넓고 훌륭한 진짜 교회 건물인 교회였다.

그 옛날, 오사카 땅에서 어렵게 살던 한인들이 시장에서 김치를 팔아서 번 돈으로 벽돌을 사서 쌓아서 올린 엄청난 눈물의 헌신과 깊은 사랑으로 세운 역사 깊은 교회였다.

나는 아침마다 마을버스를 타고 20여 분 남짓 걸리는 보육원에 아이들을 데려다주었다. 마을버스는 타는 시간보다 버스를 기다리는 시간이 더 오래 걸렸다.

그래서 아이들을 보육원에 데려다주고, 다음 버스를 기다리는 공백 시간을 얻은 김에, 시간을 더 보태서 날마다 이 교회에 들러서 기도하기로 결정했다. 그 시간에 예배당엔 아무도 없었다. 나는 한국에서 일본으로 오기 전에 몇 번이나 같은 제목으로 기도했었다.

"하나님, 저는 방언으로 기도하고, 찬양도 해야 하는데요, 그러면 너무 시끄러우니까요, 일본에 가도 제가 마음껏 기도할 수 있는 곳을 꼭 준비해 주세요."

하나님의 스케일은 엄청나시다.

나는 방음이 조금은 되지만, 아주 조그맣고 아마도 어둡고 그런 곳을 예비해 주실 줄 알았다. 그러나 하나님께서는 내게 이 큰 교회 하나를 통째로 내주셨다. 그것도 한국 사람의 피와 땀으로 지은, 한국에서도 좀처럼 찾기 어려운 너무 멋진 예배당을 주신 것이다. 나는 매일 이 큰 예배당에서 마음껏 하나님을 찬양했다.

그런데 교회에서 기도한 지 얼마 되지 않은 날부터 내 마음에 석연치 않은 부담이 있었다. 얼마 전부터 방언과 방언찬양으로 기도하다가 입에서 아무 말도 나오지 않게 되는 시점이 왔다. 그러면 어김없이 오른손이 올라갔다. 오른손은 내 의지와는 다르게 곡선도 그리고 굴곡도 그리고 꼬기도 하면서 쭉쭉 뻗어가며 춤을 추듯 움직였다. 나는 곧 두 팔을 모두 움직이게 되었다. 앉아 있는 채로, 두 팔과 머리와 등과 허리가 춤을 추었다. 정말이지 내 의지와는 상관이 없는 움직임이었다.

그러다가 얼마 후부터 굉장한 압박감으로 싸우고 있었다. 몸은 일어나기를 원했다. 의자에서 일어나라고 했다. 나는 수줍음을 많이 타는 성격이다. 보는 사람은 없지만, 도저히 일어날 수 없었다. 그러나 기도할 때마다 이런 주문이 들어왔다.

'일어나!'

나는 대적 기도를 했다. 성령님이 원하시는 것이 아니라고 생각했다. 나는 고집도 세다. 절대 그것만은 못한다고 몇 달을 버티던 어느 날,

'자리에서 일어나면 무슨 일이 생기는지 오늘은 좀 결판을 내자. 의자에서 잠깐만 일어나면 되잖아.'

나를 설득하고, 손과 팔이 춤을 추고 있는 몸을 움직여서 순종하는 마음으로 의자에서 일어나 보았다.

이 교회는 네모반듯하고 맨 뒤에 한 가운데에 있는 출입문과 맨 앞에 강대상이 마주 보게 된 구조다. 출입문에서부터는 빨간 카펫이 강단 앞까지 깔려있고, 카펫의 좌우로 장의자가 놓여있었다.

나는 장의자에서 일어났다. 장의자 가운데 정도에 서 있었던 나는 내 발이 옆으로 게처럼 움직이며 빠져나가는 것을 어찌할 수 없었다. 두 팔은 들려서 머리 위로 향하더니 두 손을 교차하듯 돌리며 춤을 추는 동작을 한 채로, 다리는 어느새 장의자 밖으로 빠져나왔다. 나는 놀라움을 금할 수가 없었다.

'어떡하지?'

내 다리는 뭔가에 취한 듯해서, (물론 성령님께 취했겠지

만), 대적 기도를 또 열심히 했다. 그런데도 다리는 스텝을 밟으며 움직이고, 두 손은 머리 위에서 춤을 추고 있었고, 내 입술은 방언으로 찬양하고 있었다. 이 다리는 겁도 없어 강단 쪽으로 나를 인도하더니, 강대상이 있는 강단 앞에 가자, 휙 돌아서 카펫 위로 한 스텝 두 스텝 밟으며 출입문 쪽으로 향해 가고 있었다. 한참을 가니 곧 출입문이 눈앞으로 다가왔고, 이대로 가다간 문과 충돌하게 생겼다.

"어! 어!"

충돌을 앞두고 문 앞에서 당황하던 나를 비웃듯, 내 몸은 문 바로 앞에서 보기 좋게 '턴'했다. 나는 웃겨서 웃음이 났다. 그동안 자리에서 일어나라고 했던 사인을 고집스럽게 참고 참았던 것이 죄송해졌다.

'몸이 이렇게 찬양하고 싶었구나!'

몸으로 찬양을 하니 이제 살 것 같았다. 눌리던 부담감에서 벗어나고, 순종함으로 자유로웠다. 내 몸은 어느새 스텝을 밟으며 강단 앞으로 가 있었다. 입에서 "예수 우리 왕이여"라는 찬양이 한국어로 흘러나왔고, 내 몸은 마치 현대 무용을 하는 사람처럼 찬양에 맞춰서 춤을 추었다. 가슴 속은 설렜고, 눈에서는 뜨거운 눈물이 계속 흘렀다.

'나 뭐 하고 있는 거지?'

이 상황을 이해할 수 없어서 당황했지만, 춤을 추며 온몸으로 찬양하는 찬양의 기쁨은 이루 말할 수 없는 감격이었다.

그날 이후로, 아무도 없는 공간에서 찬양 CD를 틀고, 기도하듯이 서 있으면 이내 몸이 찬양을 시작했다. 내 손은 특히 오른손이, 강력한 힘을 느끼는 것 같았다. 보이지 않는 어떤 존재가 손을 잡고 끌고 다니는 듯도 했다. 그런 때는 손에서 특이한 에너지가 느껴지기도 했다. 하루는 찬양을 들으면서 몸으로 찬양하는가 싶더니, 체조 같은 동작을 하고 있었다.
'어어, 이건 스트레칭인데…'
나는 몸을 움직이기 전에 다칠까 봐 스트레칭을 한다고 생각했다. 그러나 곧 앉아서 다리를 조금씩 벌리기 시작하더니 다리찢기를 하고 있었다.
'어! 이건 무린데!'
나는 웃겨서 웃으면서 뭔가 이상함을 느꼈다. 다음은 두 손을 양쪽 허리에 얹고, 벽의 이 끝에서 반대편 끝까지 발을 바꿔가며 콩콩 뛰면서 움직였다. 스텝을 연습하고 있는 모양새였다. 그제야 눈치를 챘다.
"이게 뭐지? 몸치라서 이제 몸도 훈련시키시는 건가 봐."
나는 혼자서 배꼽을 잡고 웃었다. 성령님이 얼마나 재미있으신 분인지 알았다.

"도대체 어디에 쓰시려고, 제가 춤을 배워요, 하나님?"

성령님이 주시는 능력은 대단하다고 생각했다.

나는 그 당시, 회전의자에 앉아서 한 바퀴를 아주 천천히 돌아도 머리가 '핑' 돌면서 어지러워져 멀미감을 느끼고 속이 메스꺼웠다. 단 한 바퀴만으로도 말이다.

그런데 성령님이 내 몸을 움직이기 시작하면 달랐다. 어떤 때는 제 자리에 서서 팔을 펴고 한 바퀴 두 바퀴 돌게 되는 동작을 할 때가 있었다. 빙글빙글 돌다 보면, 엄청난 속도처럼 느껴졌다. 가속도가 붙으니 이렇게 돌다가 내 몸이 튕겨 나갈 것만 같았다. 그래서 다른 동작들은 좋아했지만, 회전하는 것은 별로 좋아하지 않았다. 그런데 어찌 됐든 성령님이 하시면, 빙글빙글 내 몸이 돌아도, 어지럽지도 메스껍지도 않았다. 나는 한 편으로는 다른 생각도 들었다.

'영적인 세계는 신비한 거구나! 이러니 신을 받은 무당들은 그들의 신에 의해서 작두를 타도 발이 베이지 않고 괜찮은 걸 거야! 보이지 않는 세계에는 분명히 뭔가 있어!'

화상이 치유되는 기적

　어느 날, 한국에서 아는 동생이 찾아왔다.

　남편과 같은 곳에서 일했고, 한국에서도 우리 가족과 친하게 지내던 여동생이었다. 우선 어학연수를 받기 위해서 일본 어학원 근처에 방을 얻고, 시간이 날 때마다 우리 집에 들렀다. 오사카의 츠루하시에 있는 시장에는 한국인들이 많이 있는데, 얼마 후, 동생은 그곳에 있는 떡집에서 새벽에 아르바이트를 했다.

　아르바이트를 시작하고 며칠이 안 된 아침, 떡집에서 나온 자투리 떡을 들고 표정이 울상이 되어서 집에 들렀다. 무슨 일인지 보았더니, 한쪽 손의 새끼손가락과 엄지손가락을 제외한 가운데 세 손가락이 화상을 입어서 빨갛게 익어있었다. 떡을 찌는 찜기에 손을 데었다고 했다. 얼마나 아플지 상상이 갔다. 손톱과 손가락 가운뎃마디 사이 부분에 수포가 생기고 통통하게 부풀어 올라서, 세 손가락 모두 동그랗게 물집이 생겨 있었다.

　우리는 병원에 갈 생각도, 약을 살 생각도 못 했다. 그녀의 손을 잡고 치유 기도를 하고 싶은 마음이 굴뚝 같았지만, 나는 역시 부끄럼쟁이였다. 아픈 손에 약도 발라주지 못하고, 동생을 보내고 난 후에 앉아서 기도했다. 어릴 때부터 화상을 달고 살았던 나는 그 고통을 함께 느끼고 있었다. 동생의 손가락에 손을 얹은 듯 내 손을 올리고 울면서 기도했다.

"하나님, 아픔을 느끼지 못하도록, 잠자는 동안 낫게 해 주세요. 물집이 터지지 않고 다 사라지고 깨끗하게 낫게 해 주세요."

물집이 터지면 얼마나 쓰리고, 아픈지 알기 때문에 물집을 통째로 없애달라고 기도했다.

다음 날, 남편과 내가 동생의 집에 들렀을 때, 잠에서 막 깨어난 동생은 살짝 놀란 듯도 하고, 어안이 벙벙한 표정으로 우리를 맞이했다. 동생은 손을 내밀었다. 물집이 사라지고 없었다. 뭔가 있기는 했었다는 듯이 손가락에 연한 갈색으로 동그라미 흔적이 3개 남아있을 뿐이었다.

"어떻게 된 거야?"

우리의 물음에 동생이 화상 입었던 손가락을 다른 손으로 문지르며 대답했다.

"모르겠어요. 어제 손가락이 아프기도 하고 너무 꿀꿀해서 그냥 잠을 잤는데, 자고 일어나니까 이렇게 다 나아져 있었어요."

나는 하늘을 날 듯이 기뻤다. 기도한 대로 하나님께서 낫게 해 주신 것이다. 동생이 잠을 자는 동안, 물집이 터지지 않고, 아예 사라져 버렸다.

"할렐루야!"

우린 하나님이 하신 치유의 기적에 놀라고 놀랐다.

재미있는 것은, 이런 기적들을 보고 놀라고, 하나님의 살아계심을 찬양하고 감사하는 기쁨을 누릴 여유도 없이, 이런 순간을 기억하지 못할 정도로 마음을 어렵게 하는 일들이 이때를 기다렸다는 듯이 늘 치고 들어온다는 것이다.

나는 기도를 할 때, 여전히 영적인 경험을 했지만, 나 자신은 변한 것이 없다는 것에 괴로웠다. 난 여전히 몸이 아팠고, 우리 가족과 우리의 환경도 아무것도 변하지 않았다. 나는 깊은 우울 속에 있었다.

방언기도는 점점 더 깊은 영적 세계로 인도해 주고, 어느 때 방언찬양을 할 때면 마치 천사들이 오케스트라를 데리고 와서 연주하는 듯한 황홀한 소리에 빠져들기도 했다. 그러나 기도 시간이 끝나고 눈을 뜨면, 나는 여전히 막막하고 답답한 내 삶 속으로 돌아왔다.

이 잔을 마셔야 하리라

성령님의 실체에 놀라워하며 그분의 사랑 안에 거하고 싶어질수록, 내 주변의 상황은 점점 더 나를 옥죄어왔다. 마귀는 마치 모든 것을 다 걸고서라도 우리 가정을 찢어버리고야 말겠다는 듯이 덤비고 있었다. 우리 부부는 외국 땅에서, 어디서부터 무엇이 잘못되었는지 모른 채 집 밖에서는 이방인으로서, 안에서는 해결되지 않는 문제들로 찌들어져서 서로가 서로에게 지쳐가고 있었다.

남편은 남편대로, 나는 나대로 위기였다. 우리 부부에게는 소망이 없어 보였다. 나는 남편이 아니어도 다윗만으로도 충분히 어려운 시간을 보내고 있었다. 내 육체의 연약함 만으로도 나는 매일매일 힘든 자갈밭을 걷고 있었다. 그런데도, 부부와의 갈등은 그 어떤 문제와도 비교할 수 없을 만큼 고통스러운 것이라고 느꼈다.

나는 어떤 밤에는 '이혼'이라는 단어를 떠올리며 그림을 그려야 했다. 아이들을 데리고 어디서 어떻게 시작해야 하는지 그려보아도 막막하고 답이 없는 것은, 하나님이 원하시는 방법이 아니었기 때문일 것이다. 내게 만약 경제력과 건강한 몸이 있었다면 나는 남편을 떠나 몇 번이고 일본에서 탈출했었을 것이다.

착한 여자라서, 믿음이 좋아서, 하나님께 순종해서 참았던 것이 아니다. 하나님은 나를 가장 잘 아시는 지혜로운 분이시다. 나를 사람 만드시려고 보낸 이 학교를, 그리고 이 수업 시간을 빠져나가지 못하도록, 열쇠를 숨겨버리신 것이다.

나는 또 한편으로는 반성의 시간을 가졌다.

'나는 선교사님들을 위해서 기도했었던가! 선교지란 곳은 이런 곳인가?'

우리 부부는 제대로 파송도 받지 못한 채, 평범한 회사에서 파견받듯 한국 땅을 떠나왔다. 중보기도를 받은 적도 없고, 우리를 위해 중보기도를 하는 이가 없다는 것을 알았다. 양가 가족들도 믿음이 없기 때문에, 우리는 이 영적으로 시커멓게 덮인 땅으로, 기도 한 방울 해 줄 사람 없이 떨어져 와 있었다. 나는 매일 살얼음판을 걷고 있다고 느꼈다.

'우린 영적 전쟁터에서 최전방에 보내졌고, 아무런 무기도 없이 총알받이로 서 있구나!'

내 가슴에는 날마다 쉬지 않고 총알이 박히고 있었고, 뚫린 살 속에서 피가 흐르고, 그 아픔을 모조리 느끼고 있었다.

버스 정류장에 있는 의자에 앉아서, 삶이 무너진 것 같은 아픔 앞에서 하나님께 마음속으로 기도했다.

'하나님, 이 잔을 내게서 거두어 가시면 안 돼요?'

버스 정류장에 있는 의자에 앉아서, 누가 보든 말든 울고 있는 내게 하나님은 이렇게 대답하시는 듯했다.

'온전히 이 쓴잔을 마셔야 할 것이다.'

다른 때는 무슨 기도를 해도 대답이 없으셨으니, 이 잔을 마시라는 이런 감동이라도 주신 것을 감사해야 했다.

그리고 어느 날, 하나님은 내게 말씀을 주셨다.

성경책을 읽던 중에 하나님께서 예레미야 29장 11절 말씀을 분명하게 내게 주셨다.

"나 여호와가 말하노라 너희를 향한 나의 생각은 내가 아나니 재앙이 아니라 곧 평안이요 너희 장래에 소망을 주려 하는 생각이라." (개역한글)

'다른 사람은 다 사랑하는 하나님이, '나예신'만은 저주하기 위해 만들었다.'

평생을 그렇게 생각했던 나에게, 하나님께서 처음으로 그게 아니라고 대답해 주신 날이었다.

나는 이 말씀이 성경에 적힌 문자가 아니라, 하나님이 그 시간 내게 라이브로 말씀하고 계심이 분명하게 믿어졌다. 그리고 이렇게 받은 말씀은 무슨 상황이 와도 절대 변하지도 않고 의심되지도 않는 말씀이 된다는 것을 알았다.

내가 아니라, 하나님이

나는 내 방법대로가 아닌 하나님의 방식을 배워나가는 초등학생이었다. 아니 유치부 소속인지도 모르겠다.

하루는 우리 집에 들러서 시간을 보내고 있던 동생이 한국에 있는 친한 언니와 인터넷 통신으로 소식을 주고받고 있었다. 그분은 하나님과 굉장히 친밀한 분이셨는데, 나는 너무 궁금했던 질문, 내 피부병을 낫게 해주실 건지를 하나님께 여쭤봐 달라고 동생에게 전달시켰다.

그분은 내 질문에 침묵했다. 하나님이 침묵하셨는지도 모르지만.

그러나 그 자리에 있지도 않은 남편에게는 하나님의 직통 메시지를 전해 주었다. 내용은 간단했다.

"너에게 예배가 없다."

남편은 일본에 온 후로 기나긴 방황의 시간을 보내고 있었
다. 나는 기도하는 마음으로 조심스럽게 남편에게 이 메시지
를 전달해 주었다. 남편은 깊이 생각하는 듯하더니 말했다.

"그분 말씀이 하나님의 음성이 맞는 거 같아. 왜냐하면 나
도 요즘에 그걸 느끼고 있었거든."

남편은 갑자기 새벽예배를 가겠다고 나섰다. 우린 처음 연
애했던 시절처럼, 자전거를 타고 차가운 새벽바람을 맞으며
교회에 갔다.

남편은 누구보다 더 간절히 하나님 앞에 나가고 싶어 했
다. 그러나 기도가 터지지 않아 답답해했다.

남편이 새벽 예배에 나가기 시작한 지 며칠 후, 남편과 내
가 앞자리쯤에 앉아 있었는데, 그날따라 항상 맨 뒤에, 그분의
지정 자리에서 기도하시는 집사님이 남편의 뒤에 와 앉으셨
다. 그 여자 집사님은 기도하실 때, 목소리가 크고 걸걸하시
며, 온 예배당을 채울 만큼 세게 기도를 하시는 분이시다.

개인기도 시간이 시작되자, 집사님이 방언으로 남편 뒤에
서 뜨겁게 기도하셨다. 남편이 나중에 말하길 그 순간, 등 뒤
가 뜨거워지고 큰 힘이 자기를 미는 듯하더니 방언이 몸속에
서 훅하고 터지듯이 튀어나왔다고 한다. 옆에 있던 내가 들으

니 아니나 다를까 남편의 방언 소리가 크게 울려 퍼졌다.

집사님께서 집사님의 자리를 벗어난 날은 그전에도 그 후에도 없었다. 그날 딱 하루뿐이었다. 집사님께 나중에 여쭤보니, 그날 특별히 남편을 위해서 기도하신 것도 아니라고 하셨다. 그날 거기에 왜 앉았는지도 모르겠다고 하셨다.

그러나 하나님의 인도하심임을 우리는 다 알고 있었다.

남편의 기도가 막힘없이 터지고 나니, 내 기도 또한 달라진 것을 확실히 느끼게 되었다. 그동안 아무리 뚫어보려고 애를 써도 더는 열리지 않았던, 그 문, 그 하늘의 문이 열리는 듯했다. 상쾌한 기쁨도 잠시, 살짝 억울하기도 했다.

'그렇게 오랫동안 애써도 안되더니, 남편이 기도가 열리니 이렇게 쉽게 나의 기도도 막힘없이 올라갑니까, 주님?'

나는 배우게 되었다. 나의 머리는 나의 남편이며, 나는 남편을 먼저 영적으로 세우지 않으면 내 기도도 반쪽짜리 기도밖에 되지 않는다고 생각하게 되었다.

남편은 내게 말했다.

"하나님께 말씀드렸어. 이제부터 새벽 예배를 항상 드리겠다고."

하나님은 내게 그 쓴잔을 마시라고 하시고, 하나님의 방식으로 남편을 다루셨다. 나는 어쩌면 하나님 앞에서 너무 무지해서 철이 없었는지도 모른다.

하나님은 계획을 가지고 계신다. 내가 아는 하나님은 일석이조를 바라시는 하나님이 아니시다. 하나님은 한 개의 돌로 두 마리의 새가 아니라, 몇 마리를 잡아들이시는 지혜롭고 전지전능하신 하나님이시다.

나를 향한 계획이 있듯, 남편을 향한 계획이 있고, 우리 가족을 향한 계획이 전부 맞물려 있으며, 하나님은 우리를 우리가 헤아릴 수 없을 만큼 사랑하신다.

5장

기적 1

하나님을 사랑하는 예배자
묻어둔 상처를 거두어 주시다
사랑을 알고, 사랑해서 울고
죽지 못해서 사는 인생
기쁨이 없는데, 전도해도 될까요?

하나님을 사랑하는 예배자

방언찬양을 시작했을 때, 하나님께서 혹시라도 나를 훈련시키셔서 찬양팀에 세우실 계획인지도 모르겠다고 생각했던 적이 있었다. 그런데 슬프지만, 그런 계획은 없으시다는 걸 금방 눈치챘다.

왜냐하면 방언찬양을 할 때는 성령님께서 내 몸을 만져주신 대로 악기가 제대로 동원되어 찬양이 불리지만, 방언찬양이 아닌 맨정신(?)에 부르는 찬양은 음악성이 없는 원래의 상태로 돌아왔기 때문이다. 방언기도는 유창하게 나오지만, 대표 기도를 시키면 머릿속이 새하얗게 되어서 아무 말도 나오지 않는 것과 같았다.

나도 찬양팀에서 찬양하고 싶었다. 그러나 노래에는 재능도 은사도 없었다.

내가 노래를 못한다고 아무리 말씀을 드려도, 당시 교회 여자 전도사님은 만날 때마다 한결같이 내게 찬양팀에 서자고 권유하셨다. 노래를 못해도 된다고 하시면서.

일 년 가까이 거절하며 돌아서던 어느 날은 문득,

'내가 뭐라고 전도사님 권유를 일 년을 넘게 거절하고 있지?'

이런 생각이 들자, 전혀 도움이 안 될 줄을 알면서도 찬양 팀에 들어가게 되었다.

나는 진짜 무대 체질이 아니었다. 부끄럼쟁이인 나는, 긴장해서 전날에는 전혀 잠을 자지 못했다.

그러나 교회의 단 위에 올라가서 하나님 앞에 서서 찬양을 하는 순간, 이것은 엄청난 특권이라는 것을 단번에 알았다.

또, 처음으로 단 위에 서서 찬양을 부르며 앞을 보고 있을 때, 교회의 중앙쯤에서 빛이 부서져서 눈 속에 들어오는 듯한 느낌을 받았다. 떨리는 것은 심했지만, 하나님을 찬양하는 기쁨에 충만했다. 집으로 돌아오는 길에, 십몇 년 동안 불러본 적이 없었던 어떤 찬양이 입에서 계속 흘러나왔다. 입에서는 맴돌지만, 아무래도 가사가 잘 기억나지 않아서 집에 돌아오자마자 악보를 찾아서 부르다가, 나는 소리 내어 울었다.

찬양의 가사처럼, 내 눈물을 거두어 빛살 가루로 채우심을, 조금 전에 단 위에 서서 찬양하며 느꼈었기 때문이다. 이 '전부(내 감은 눈 안에)'라는 곡의 찬양 가사 그대로가 내 마음의 고백이었기 때문이다.

찬양 가사는 모두 그랬다. 이해할 수 없는 가사가 없었다. 한 단어만으로도 은혜에 젖었다. 나와 하나님만 아는 비밀이 있고, 나와 하나님만 아는 사연이 있었다. 나는 찬양팀에서 찬양하는 것이 너무 좋았다. 물론 내 나이가 찬양팀에 서기에는 많다는 것도 알고 있었다. 그래서 단 위에 설 수 있는 날이 별로 남지 않았다는 것도 알았다. 그러기에 더 소중했다.

찬양곡이 전날 정해지면, 밤을 새워서라도 찬양 가사를 모두 외웠다. 일주일 전에 찬양곡이 정해지면 일주일 내내 불렀다. 골방에서 찬양하는 것과 단 위에서 찬양하는 것은 결이 다른 은혜였다. 단 위에서 찬양한다는 것은 천국에서 찬양하는 것 다음으로 하나님 앞에 가장 가까운 곳에서 찬양하는 기분이 들었다. '그렇다!'라고 말씀이라도 하시듯 하나님은 강력하게 만져주셨다.

내 속에서 누군가가 이런 나를 비꼬며 찬양팀에서 얼른 내려오라고 속삭이며 괴롭히고 있었다. 그 영적 전쟁 가운데서, 하나님을 찬양하는 그 행복한 시간을 얼마나 아끼면서 보내고 있었는지는 주님만 아신다.

1월의 추운 어느 날, 잠을 자다가 새벽에 하나님의 영광으로 갑자기 잠이 깼다.

우주를 창조하시고, 광활한 우주에 꽉 차 계신 광대하신 하나님이 느껴졌다.

"하나님이 어떤 분인지를 네가 진짜 안다면, 네 찬양이 그것으로 되겠느냐.

하나님이 어떤 분인지를 네가 안다면, 너의 그 예배로 되겠느냐."

내가 결코 상상할 수 없는 위대하신 하나님께, 나의 찬양이, 내가 드리는 예배가 주님을 주님 되게 할 수 없음을, 주님께 합당할 수 없음을 알고 있었다. 그럼에도 불구하고, 더 진실하게 더 전심으로 더 영으로, 더 온 맘으로 하나님을 찬양하기를 원했다. 하나님의 기쁨이 되는 '하나님을 사랑하는 예배자'로 서기를 간절히 기도했다.

묻어둔 상처를 거두어 주시다

단 위에서 찬양할 수 있는 날을 아끼고 아끼는 마음으로 한 주 한 주 소중하게 서던 어느 날, 드디어 내려와야 하는 날이 너무 갑작스럽게 생각지도 못한 이유로 다가왔다.

내 나이가 곧 40살을 바라보고 있는 때에, 하나님이 내게 이러실 줄은 꿈에도 생각하지 못했다. 나는 하나님께 노래를 잘하게 해 달라고 열심히 기도했을 뿐인데, 그런 응답은 주지 않으시고, 우리 부부에게 덜컥 새 생명을 선물해 주셨다.

나는 찬양팀에서 내려올 수밖에 없었다. 태아의 건강을 위해서는 임신 기간만이라도 염색을 멈춰야 했다. 염색을 안 하면 곧 흰머리가 자라고, 흰머리를 가리기 위해서 모자를 써야 했으니까, 교회 단 위에는 더 이상 설 수가 없었다. 내가 찬양팀에서 찬양하는 것을 얼마나 기뻐하는지 누구보다도 잘 아는 남편은 그런 나를 위해서 가발을 찾아주고 싶어서 수소문해서 다녀주기까지 했지만, 마땅치가 않았다.

나는 하나님의 이 선물이 당황스러웠다.

우리 부부는 임신을 기뻐할 수만은 없었다. 내 몸의 상태는 임신이 무리였다. 다윗을 죽일 뻔한 몸을 갖고 있었기 때문이다. 나는 배 안에 잉태된 이 아이도 어찌 될까 봐 너무 무서웠다. 다윗과는 7년 터울이었다. 나는 건강한 몸이라고 해도 이미 노산이었다.

아니나 다를까, 다윗 때와 판박이처럼, 이번에도 27주가 되니 아이가 나올 기미가 보였다. 나는 다시 두려움에 휩싸였다. 다윗을 내 몸속에 오래 품지 못했다는 죄책감과 아이를 사망에 가까운 상태로 만든 모든 책임이 나에게 있다고 생각하면서 아픈 기억을 가지고 살아오고 있었다. 제 아이 하나도 몸에 품고 있지 못해서 빨리 내보내, 아이를 위험에 빠뜨린, 엄마 자격이 하나도 없는 실격자라는 상처로 덮여 있었다. 참을 수 없는 두려움이 밀려올 때, 이번에는 남편이 내게 말해 주었다.

"하나님의 신실하심을 믿읍시다! 이 아이는 다윗처럼 되지 않을 거야."

그랬다. 다윗을 위해서는 위험할 때, 아무런 도움을 받지 못했지만, 이번에는 하나님께서 처음부터 산부인과에 입원시켜 주셨다.

우리가 처음 일본에 왔을 때부터 이런 일이 일어날 것을 아시고 계셨던 것처럼, 오사카에서 가장 유명하고 좋은 산부인과를 우리가 사는 집 근처에 두셨다. 하나님은 무려 36주까지 아이를 뱃속에서 안전하게 지켜주셨다. 또, 만약 35주에 태어나거나, 몸무게가 2000g이 되지 않으면, 아이는 엄마와 떨어져서 인큐베이터가 있는 전문 병원으로 보내져야 했는데, 아이가 36주에 태어나고, 2200g이 되도록 해 주셔서 산부인과에서 나와 함께 있을 수 있도록 은혜를 베풀어 주셨다.

아이는 제왕 절개 수술을 하기로 예정한 날보다 일주일 빨리 진통이 와서 급하게 수술하게 되었다. 부분 마취를 하고 수

술했는데, 출산하는 모든 과정을 다 듣고 느끼면서 내 입술에서는 계속 방언찬양이 흘러나왔다.

아이의 울음소리를 들었고, 건강한 여자아이라는 이야기도 들었다. 그때, 출산 과정 중에 7년 동안 나를 사로잡고 있었던 깊은 죄책감과 여자로서의 수치심이 그 한순간에 씻어졌다. 나는 너무 기뻐서 춤을 추고 싶었다.

다윗에게는 못 해주었지만, 막내는 36주 동안 뱃속에 품고 있었고, 작지만 그래도 건강하게 태어난 모든 과정을 통해서, 내 잘못으로 아들을 위험하게 만들었다는 두꺼운 죄책감을 가볍게 덜어주셨다.

막내가 태어나는 과정이 없었으면 결코 지울 수 없었을 아픔들을, 다시 건강한 출산을 하게 하심으로 지워주신 것이다. 하나님은 다 알고 계셨다. 나를, 내 속마음을, 내 눈물을.

나는 내 아픔을 숨겼지만, 좋으신 하나님은 내게 어떤 치유가 필요한지 알고 계셨고 7년 만에 위로해 주셨다.

사랑을 알고, 사랑해서 울고

우리 가족이 일본에 온 지 4년 후, 남편이 일본 본부의 책임자가 되었기 때문에 사역지가 오사카에서 도쿄로 이동되었고, 막내가 태어난 후에 한 달쯤 지나서, 가족 모두 도쿄로 이사하게 되었다.

막내 아이는 우리 가족에게 딱 맞춤 선물이었다.

첫째 딸은 가난에 찌들고 빚에 허덕이며 내 슬픔에 젖어서, 딸아이가 예쁘면 예쁠수록 사무치게 더 슬펐었다. 다윗은 생명과 죽음의 사투를 벌이느라고 처절했었다. 그러나 막내 아이는 모든 것이 달랐다. 우리 늦둥이 딸은 '눈에 넣어도 아프지 않다'라는 말이 무슨 뜻인지를 알게 해주었고, 이 사랑은 우리 큰딸과 아들도 다르게 보이는 눈을 갖게 해주었다. 나는 아마도 처음으로 사랑다운 사랑이라는 것을 배우게 된 것 같았다.

"내가 아이들이 예쁜 것처럼, 하나님도 내가 이렇게 예쁘실까? 내가 아이들을 사랑하는 것처럼, 하나님도 나를 이런 마음으로 사랑하실까?"

"아니, '하나님은 사랑'이시라는데, 나보다 더 큰 사랑으로 나를 사랑하시겠지."

"오우~그래? 하나님, 나를 엄청나게 사랑하시겠네! 내가 뭘 해도 예쁘시겠네!"

혼자 생각하고 혼자 말하면서 하나님의 사랑에 대해 상상해 보았다.

첫째 딸은 똑똑했다. 다섯 살에 일본에 왔을 때 보육원에 보내자, 그해 여름 방학이 되기 전에 일본말을 했고, 친구에게 배워서 일본어로 된 동화책을 읽었다. 일본어를 너무 쉽게 배우고 익혀서, 나는 아이들은 다 그렇게 되는 줄 알았다. 하나님은 내게 성가실 것이 하나도 없는 귀한 딸을 보내주셨다.

아들은 모든 것이 아주 늦었다. 목을 가누고 몸을 뒤집는 것부터 해서, 일어서고 걷고, 말하기까지 평균 성장 발달 개월 수의 마지막 끝 날이 다 되어서야 하게 되었다. 아들에게 어떤 장애가 나타날지를 모르는 나는 언제나 애가 타 있었다. 약 올리는 것도 아니고, 지칠 때까지 기다렸다가, 막다른 순간에서야 마음을 놓게 하는 그런 패턴이 계속됐다.

나는 내가 보기에도 정상적인 삶을 살고 있지는 않았다. 아들이 무엇이 안 될 건지에 더 초점이 맞춰져서 살았던 건지도 모르겠다. 아들은 발달 과정 중에서도 말이 제일 늦었다.

한국어도 늦었던 다윗은 세 살 때에, 보육원에서 겨울 방학이 다가오는 어느 날 갑자기 일본어로 말하기 시작했다. 그 전에 한마디의 말도 안 하던 아이가 현지 아이들처럼 일본말을 시작하자 나도 선생님들도 깜짝 놀랐다.

다윗은 적응하는 데 시간이 오래 걸렸고, 새로운 것에 대해 고집스럽게 거부했다. 또, 다윗은 엄청난 개구쟁이였다. 그래서 나와 매일 싸움을 했다.

나의 일방적인 분노였을 것이다. 못된 엄마의 화난 모습을 지켜보아야 했던 우리 아들은 그런 나와 반대로 마음이 천사같이 따뜻한 아이였다. 자기보다 남을 더 배려하는 마음을 타고났다.

나는 이 아들이 불쌍하고, 착한 것이 더 속상해서 울었다.

죽지 못해서 사는 인생

다윗이 초등학교에 입학한 지 두 달이 지났는데, 자기 이름을 쓸 줄 몰랐다. 다윗이 말했다.

'이름을 못 쓰는 애는 나쁜이야.'

나는 깜짝 놀랐다. 어리석게도 아들도 큰딸처럼 언어를 자연스럽게 배우게 될 거라고 생각했던 것이다. 아차 싶어서 히라가나를 가르쳤는데, 이상하게도 다윗은 글씨를 읽지 못했다. 아무리 가르쳐줘도 소용이 없었다.

처음에는 집중하지 못해서 그렇다고 야단을 치고, 매를 옆에 두기도 해보았다. 종이를 잘라서 한 장에 히라가나 한 글자씩을 써서 카드를 만들어서, 무려 한 시간 동안 단지 넉 장의 카드를 반복하고 또 반복해도 그 순간조차도 외우질 못했다. 그러자 나중에는 다윗이 나보다 더 괴로워하며 가슴 속에서부터 올라오는 답답함으로 슬퍼서 울었다.

내가, 이 상황이 되도록 눈치채지 못했던 것은 다윗이 국어책을 읽고 있었기 때문이다. 물론, 일본어 교과서를 말이다.

"다윗, 그런데 너 여기 국어책 매일 읽고 있었잖아?"

"응. 그거는 애들이 읽는 거를 듣고 외우고, 그림을 보고 외워서 한 거야."

나는 가슴이 미어졌다. 어미가 돼서 애가 글씨를 못 읽는지도 모르고 있었던 것이다.

'아! 뭔가 문제가 있구나! 하나님, 어떡합니까?'

학교에 도움을 받아서 아이의 상태를 점검했지만, 뾰족한 수가 없었다. 담임 선생님이 다윗을 이해해 주고, 아이를 위해서 히라가나와 가타카나가 전부 적힌 종이를 책받침처럼 만들어 주셨다. 다윗이 히라가나와 가타카나를 읽고 쓰는 데는 1년이 걸렸다.

아들은 초등학교 5학년이 되도록 어떤 시험도 제대로 봐 온 적이 별로 없었다. 백지로 된 시험지를 들고 올 때마다 그것이 평가 시험지라는 것도 몰랐다.

나는 바보 엄마였다. 시험을 본다는 것을 안다고 한들, 공부가 안되는 아들을 가르칠 수도 없었는데, 왜냐하면 나도 일본어를 잘 모르기 때문이었다. 내가 가르칠 수 있는 과목은 수학이었는데, 다윗은 연산은 빠르고 정확했지만, 대신 날마다 처음부터 설명해 주어야 했다. 이것은 이렇게 푸는 문제라고 가르쳐주면, 연산이 빠르니 문제를 잘 풀었지만, 그다음 날이 되면 다 잊어버리고 새로 처음부터 다시 가르쳐 주어야 했다. 이것도 나를 미치게 했다.

다윗은 친구가 많아서, 고학년이 되면서부터는 친구들과 함께 동네를 누비고 다니다가, 졸업반 때는 친구들을 데리고 집으로 왔다.

초저녁부터 시체처럼 쓰러져서 잠을 자고 밤이 돼서야 일어나서, 한밤중에 가족들이 잠을 자려고 할 때에야 숙제를 꺼냈다. 숙제를 혼자서는 해결을 못 하고, 밤중에 누나와 내가 도와주어야 했기 때문에 이 문제로 다윗과 매일 싸우게 됐다.

중고등학교 때는 체력이 없어서 어딘가에 가는 것을 겁냈고, 우리 손에 이끌려서 나갔다가 오면 쓰러지듯 누웠다. 주말에는 열두 시간 동안 잠을 자고서도 일어나면 피곤해했다. 아이가 몸이 허약해서 몸부림치는 것을 보면서도, 빠듯한 재정에다 무식한 엄마여서 이런 아들에게 영양제 하나를 먹여주지 못했다.

다윗은 암기력이 좋았고, 생각해야 하는 것은 어려움을 느꼈다. 자신이 아무리 해보려고 해도 한계의 벽 앞에서 멈춰있는 다윗을 지켜보면서, 아들 앞에서는 화를 내고, 하나님 앞에 앉아서는 찢어지는 가슴으로 어떡하냐며 울었다.

나는 다윗이 학습 장애가 있다는 것을 몰랐다.

다윗이 공부를 하지 않기 때문이라고 말했고, 게으르기 때문이라고 말했다. 잘한 것에 대해서는 칭찬을 아끼지 않았지만, 너무 화가 나면, 아들에게 온통 악담을 퍼부었다. 그 악담은 결국 내가 내 입으로 하는 나를 향한 저주였고, 내 아들을 향한 저주가 되었다.

인생이 그리 즐거울 것이 없었다. 사는 것에 기쁨을 느끼지 못했다.

나는 다시는 자살을 선택하는 어리석은 짓은 하지 않기로 결심했기 때문에, 죽고 싶다는 생각도 조심스러웠다. 그러나 정말이지 살고 싶지도 않았다.

예배자로 설 때는 기뻤지만, 끝나면 모두 제자리로 돌아왔다. 기도할 때는 살 것 같았지만, 그 기도 자리에서 일어나면 우울함이 다시 밀려왔다. 나는 숨이 붙어있기 때문에 살고 있을 뿐, 그 이상도 그 이하도 아니었다. 지겨운 인생이 어서 지나가서 빨리 늙어서 천국에 가고 싶은 생각을 붙잡고 겨우겨우 살고 있었다. 아니 죽음이 오늘 찾아와 준다고 해도 좋을 것 같았다. 아이들을 돌봐줄 천사 같은 사람만 있다면.

기쁨이 없는데, 전도해도 될까요?

남편은 도쿄로 이사 온 후부터 신학교를 다니게 되었다.

하나님은 남편이 서원한 것을 잊지 않고 계셨던 것 같다.

뜻밖의 시기에 신학교의 문을 열어주셔서 불혹의 나이에 신학생이 되었다. 남편은 매일 새벽예배로 하루를 시작하고,

오전 오후에는 일을 하고, 저녁에는 학교에 갔다. 일본어로 해
야 하는 신학교 공부는 남편의 스케줄을 1분 단위로 쪼개서
살게 했다. 일과 출장과 학교 강의와 숙제로 몸부림치며 살고
있었다.

그래서 나는 다시 더 지독한 독박 살림과 육아를 시작하게
되었다.

이젠 갓난아이까지 키워야 하니, 낮에는 아이들을 돌보고,
막내 아이가 자는 밤에는 컴퓨터 앞에 앉아서 날을 새서 편집
아르바이트를 했다. 3년을 밤을 새우는 생활을 해서인지, 다
른 이유에선지는 모르나, 몸에 고장이 났다. 생리 때마다 피가
너무 많이 쏟아졌다. 병원에 가보았지만, 일본말이 잘 안될 뿐
만 아니라, 시술이 필요한 산부인과 진료라서 남편과 함께 와
야 한다고 했다. 남편은 1분도 시간을 낼 수 있는 상황이 아니
었다. 차츰 몸이 무겁고 말을 듣지 않게 되고, 걷는 것이 너무
힘들어졌다.

나는 스무 살 때부터 주부습진이 있어서 육아에 적합한 손
이 아니었다. 피가 나고 까칠한 손 때문에 갓난아이 피부에 상
처가 잘 생기게 했다. 또 여전히 머리를 감을 때마다 두피에

상처 난 곳이 고통스럽고, 얼굴 뼈는 나이 들수록 더 아파지고 있었다. 오래된 아토피는 점점 심해져서, 욥이 깨진 기왓장으로 몸을 긁었다고 하는 표현에 공감하면서 살고 있었다. 교통사고 후유증은 여전히 일기예보를 더 잘 해주고 있었으니, 이따금 방바닥에 죽은 듯이 누워서 핸드폰처럼 충전하지 않으면 일어설 수가 없었다. 내 몸의 나이는 병원에서 진단했듯이 70대는 족히 되는 듯했다.

그나저나 이젠 다른 이유로 심각해지고 있었는데, 매달 생리 때마다 피가 덩어리째 나오며 많은 피가 쏟아졌다. 변기는 물론이고 욕실 바닥이 피로 물들 만큼, 앉아 있던 의자가 젖어서 피가 흐를 만큼, 외출했을 때 갑자기 바지가 피에 젖어서 걸을 수 없을 만큼이나 피가 한꺼번에 한 움큼씩 쏟아졌다.

빈혈이 심한 것은 당연했다. 몇 개월 동안은 귀에서 심장 소리가 들렸다. 특히 자려고 누우면, 맥박이 고막에 붙어있는 것처럼 시끄럽게 뛰는 소리가 들렸다. 손톱이 계속 찢어져서 반창고로 손톱을 대신해서 만들어 주어야 했다. 그중에 가장 힘든 것은 숨을 쉬기가 어려워졌다는 것이었다.

나는 참을성이 많았다. 그러나 나는 내게 더 이상 아무런 힘이 남아있지 않다는 것을 알았다. 약 4년을 참았던 어느 날, 그날도 눈코 뜰 새 없이 바쁜 남편에게 말했다.

"여보, 나는 오늘 병원에 입원해야 할 것 같아."

"그 정도로 안 좋아?"

아무래도 몸이 심하게 좋지 않았던 나는, 며칠 전에 남편과 한국인 의사가 있는 병원에 가서 혈액 검사를 해놓고 왔었다. 남편은 나를 데리고 그 병원으로 향했다. 혈액검사 결과, 지금 당장 수혈을 받지 않으면 죽을 수도 있을 만큼 위험한 상태라며 의사 선생님이 매우 흥분해서 말씀하셨다. 그리고 이어서 말씀하셨다.

'어떻게 이 상태로 살았느냐'로 시작해서 '걸어 다니지도 말라, 빈혈 때문에 쓰러지면서 머리를 다치면 큰일이다.', '갑자기 숨을 쉬지 못하게 될 수도 있는데 그렇게 되면 큰일이다.', '지금 당장 큰 병원으로 가서 수혈부터 받아야 한다.'라는 등등의 염려 말씀이었다.

그러나 그날 오후부터는 일본의 큰 휴일, 골든 위크가 시작되는 날이었기 때문에, 큰 병원으로 가지도 못하고, 쇠 맛나는 철분 약을 한 움큼씩 먹으면서 골든 위크 동안 집에서 지내게 되었다.

나는 의사 선생님의 그런 말씀이 위로의 말씀으로 들렸고 안심되며 고마웠다. 왜냐하면, 의사 선생님이 내 상태를 말씀

해 주어서, 이제서야 비로소 나는, '누워 있어도 되는 자유'가
생겼기 때문이었다.

집에 와서, 아픈 몸을 붙잡고 누워있으니, 죽을 수도 있다
는 말이 생각나서 자꾸 웃음이 났다.

'죽을 만큼 아팠는데, 참고 참고 또 참고 살았더니, 몸이
가루가 되도록 살았더니, 곧 죽을 수도 있을 만큼 내 몸을 혹
사시키면서 살고 있었던 거였구나.'

나는 사실은, 바쁜 남편보다 하나님께 더 서운했다.

참고 살면 좋아질 줄 알았다. 참고 살면 좋은 날이 올 줄
알았다. 몇십 년이나 참고 살았으니까 나도 이제 좀 좋은 날을
주실 줄 알았다. 그런데 몸이 부서지라고 남편과 아이들을 위
해서 살았더니, 결국은, 결국은 이렇게 살다가 죽을 뻔한 지경
까지 오고 말았다. 기도도 하고, 찬양도 하고, 예배도 드리고,
내 딴에는 하나님을 사랑하고 있다고 생각했는데……

'하나님은 내게 가혹하시다.'

그런 생각이 들었다. 나는 잠시 하나님과 떨어져 있고 싶
어졌다. 나는 아주 많이 아팠다. 날마다, 빨리 죽었으면 했지
만, 매 순간 살고 싶지 않았지만, 이렇게는 아니었다.

어떤 밤에는 죽을 듯이 아픈 나에게, 여자 같은 얼굴을 한

귀신이 찾아와서, 나의 어리석음을 조롱하듯이 나를 보며 비웃고 있었다.

치료받으며 회복해 가는 시간은 오래 걸리고 더디게 갔다. 남편은 바쁜 시간을 쪼개어 도와주었지만, 한계가 있을 수밖에 없었다. 온몸에 힘이 없고 어지럽고 메스꺼운 상태가 꽤 오래갔지만, 누구 한 명, 도와줄 손길이 없는 외국 땅에 사는 것이 서러웠다. 폰에 저장된 연락처를 내리고 올리며, 나를 좀 도와줄 수 있느냐고 부탁할 사람을 찾고 찾다가 그만두었다. 온전히 내 몫이었다. 나는 주방 바닥에 쭈그리고 앉아서 밥을 할 힘이 없어서 한없이 울었다.

나는 항상 의문이 들었다. 천국과 지옥.

나는 천국에 가고 싶은 생각도 딱히 없었다. 그런데 죽은 후에 가는 곳은 천국 아니면 지옥, 그 중간 지대가 없다고 했다. 너무 두렵고 무서운 말이다.

그렇다면 무슨 수를 써서라도 나는 천국에 가야 한다. 뜨거운 지옥 불에 던져져서, 끝이 없는 영원한 지옥 불에서 산다는 것은 상상하고 싶지도 않다. 어두움과 비명 소리, 타고 썩는 냄새, 온갖 벌레와 학대와 더러운 말과 ……

무엇보다 하나님과의 단절이 있는 곳에 누구도 가서는 안 된다.

그래서 나는 한 사람이라도 전도해야 한다고 생각했다. 지옥에 가면 안 되니까, 천국에 가자고. 천국에 가려면 '예수님을 믿어야 한다'는 복음을 전해야 한다고 생각했다. 그런데 막상 누구에게도 자신 있게 전도하지 못했다.

나는 예수님을 믿는다. 오랫동안 믿어왔다. 그런데 나는, 진심으로 기쁘지 않았다. 오히려 믿지 않는 사람들이 더 행복해 보이기도 했다. 건강하고 돈도 많고 더 지혜롭고, 사랑하며 이 땅을 제대로 멋지게 누리면서, 더 평화롭고 자유롭게 살아간다. 진짜 속은 어떤지 모르지만, 적어도 보이는 겉모습은 그렇다.

그런데 정작 예수님을 믿는 나는, 믿음 때문에 핍박 속에서 순교자의 삶을 사는 것도 아니면서, 사는 것이 죽을 만큼 힘들다.

기쁨도 없고, 소망도 없다. 단지 죽어서 가는 나라, 천국행 티켓을 끊어놓았다는 것 외에. 그것도 가끔 진짜 갈 수는 있는 건지 의심 드는 순간도 있다. 그런데 이런 내가 어떻게 예수님을 믿으라고 말을 할 수 있는지, 나는 그것이 의문이었다. 나도 기쁘지 않은 이 삶을 누구에게 전할 수 있느냐 말이다. 이게 전부일까? 나의 이 삶이 고난의 십자가라면, 나는 언제까지 참고 기도하면 이 십자가의 고난에서 벗어날 수 있는 것일까? 얼마나 더 기도해야 행복해질 수 있을까?

복음은 기쁜 소식이라고 했는데, 나는 나조차도 기쁘지 않은 복음을 전할 자신이 없었다.

기적 2

처음으로 들어본 하나님의 음성

남편은 신학교에 다니면서, 가끔 교회에서 새벽예배 때 설교할 때가 있었다. 남편을 귀하게 여겨주시는 집사님들이 많이 생기게 되었다. 도쿄에서는 교회가 집에서 멀었기 때문에 몸이 안 좋았던 나는, 남편과 함께 차로 가지 않으면 가기가 어려웠다.

어느 날, 오랜만에 새벽예배에 남편과 함께 갈 수 있게 된 날이 있었는데, 예배 후에 어떤 여자 집사님께서 내게 오시더니 이렇게 말씀하셨다.

"이런 훌륭한 남편을 두었으면, 아내가 매일 새벽마다 교회에 나와서 남편을 위해서 기도도 하고 그래야지, 남편 내조를 제대로 해야지, 왜 아무것도 안 해요?"

나는 순간 얼어붙어서 말이 나오지 않았다.

'이것보다 무얼 얼마나 더 해야 하는 거지? 뭘 어떻게 설명해 드려야 하는 거지?'

나에 대해 전혀 모르시면서 내뱉은 말씀이 내 심장에 비수처럼 날아와서 꽂혔다. 아내가 그저 놀고만 있는 게 아니라고, 나를 위해서 어떤 변명도 하지 못하고 옆에서 그냥 웃으면서 서 있는 남편도, 집사님도 너무 미웠다. 교회에서 돌아와서 3

일 동안 내내 울었다. 교회의 집사님들은 다들 시어머니가 되어서 나를 관찰하고 있는 듯했다.

"아무것도 모르면서, 다들 아무것도 모르면서. 내가 어떻게 살고 있는지 아무것도 모르면서."

가만히 있으면 가슴이 답답하고 열린 수도꼭지에서 나오는 물처럼 눈물이 흘러내렸다. 그렇게 서럽고 아플 수가 없었다. 집사님도 밉고, 남편도 밉고, 하나님도 밉지 않지 않았다.

그렇게 밤낮 서러워서 울며 지내던 3일 차 밤에, 잠을 자다가 꿈을 꾸었다. 아무것도 없는 공간에 저 멀리, 내게 상처되는 말씀을 하신 그 집사님이 서 계셨다. 내 모습은 보이지 않았지만, 나는 그 집사님의 뒷모습을 보고 있었다. 그때 내 뒤에서 울리는 한 목소리가 들렸다.

"저도 내가 사랑하는 딸이니라."

나는 그 목소리가 하나님의 음성인 것을 알았다. 음성을 듣자마자 꿈에서 깼다. 나는 처음으로 하나님의 목소리, 하나님의 음성을 들었다. 집사님을 사랑하시는 하나님이신 줄은 알겠고, 나는 그 앞에 붙은 단어에 꽂혔다.

'저도? 저도 라고 하신 것은, 나를 사랑하시는데, 저기에 서 있는 저 집사님도 사랑하신다는 말씀인 거네? 나를 사랑하

신다는 사실을 전제로 두고 하신 말씀이네!'

나는 그 순간, 눈에 눈물이 사라지고, 마음이 전혀 아프지 않게 되었다. 집사님이 던지신 말씀이 더 이상 하나도 아프지 않았다.

하나님이 나의 아픈 마음을 보시고 불쌍하게 여겨주시고, 위로해 주신 것이다. 하나님의 음성이 얼마나 따사롭고 다정하고 믿음직한 느낌이었는지!!! 나는 집사님 덕분에 하나님의 음성을 직접 처음으로 들었으니, 한순간에 집사님이 오히려 정말 고마운 분이 되었다.

주님이 쉬어 가시는 집

그때, 나는 안방에 들어갔고, 무엇인가를 찾아서 들고 나오려고 했다. 그 무엇인가를 찾아서 들고 돌아서 나오려는 순간, 신비한 일을 겪었다. 이것은 글로도 말로도 표현하기가 너무 어렵지만, 내 몸이 방의 가운데 부근에서 안방의 문 쪽을 향해서 오른쪽으로 방향을 돌릴 때, 내 눈은 희한한 장면을 보았다. 비밀스러운 곳을 가리고 있는 커튼이 조금 열려서, 순간적으로 그 안을 보게 된 듯한 느낌이었다. 그것은 다른 세계였다.

눈에 보이지 않는 곳에 또 다른 세계가 있는데, 무슨 이유에선지 틈새가 잠깐 열려서 엿보게 된 것 같은 느낌이었다. 굳이 애써 설명하자면, 마치 '나니아 연대기'에서 아이들이 옷장의 문을 통해서 나니아로 가는 것처럼, 나는 내 방에서 그 비밀의 틈을 본 것 같다고 해야 할까?

길어야 고작 2, 3초, 짧다면 1초도 되지 않는 순간에 나는 다른 세계를 보았다. 그 짧은 순간에 지극히 거룩한 향유가 부어진 듯한 신비로운 분위기와 아름다운 평안이 가득한 곳에서, 내 속 깊은 곳까지 순식간에 스며드는 깊은 사랑의 감정 때문에 그 열린 공간을 잠깐 본 것만으로 황홀경에 빠질 만큼 좋았다. 나는 몸이 얼어붙은 듯 서서 움직이지 않고 그 느낌을 기억하려고 애썼다. 순간적으로 열렸다가 사라져 버린 그 세계!

"내가 뭘 본 거지?"

영화 같은 일이 벌어졌다. 뭔지 모르지만, 그 속에서 살고 싶었다.

'다른 세상이 있나? 4차원? 영의 세계 같은 거? 환상하고는 다른 것 같은데.'

어쨌든 나는 오래전 예수님의 신부로 결혼식을 하러 갔었던 그 꿈에서와 비슷하게, 사실처럼 실감이 나는 평안과 지극히 깊은 사랑을 느꼈다. 그 세계가 착각이 아니라면, 실재한다면, 들어가고 싶었다.

영의 세계가 너무 궁금했다. 하나님이 계신 곳 같은 거기, 그곳에서 살고 싶었다.

매일 아침이면, 도쿄에서는 막내를 자전거에 태우고 보육원에 데려다주고 왔다.

돌아오는 길에 자전거를 타고 이곳저곳 골목길을 천천히 돌아서 집에 오곤 했다. 그러다가 며칠 동안 같은 곳에서 독특한 향냄새가 나는 것이 신경이 쓰였다. 딱히 점치는 집 같은 그런 곳도 없어 보이는데, 그런 무속인들이 있을 법한 곳에서 나는 냄새가 났다.

일본 사람들은 집 안에, 죽은 가족을 위해 불단을 들여놓고, 죽은 사람을 위해 밥을 떠 놓고 합장하고 절을 한다는 말을 들었다. 아마도 아침마다 불단에 제사를 지내는 것이 아닌가 싶었다. 순간, 이런 생각이 들었다.

'만약에 죽은 자를 위해서 드리는 제사로 골목에 이런 냄새가 가득한 거라면, 그렇다면 나는 하나님을 위해서 예배드리는 우리 집을 만들어야겠다! 사람들이 지나갈 때 예수님의

향기가 났으면 좋겠다!'

냄새는 맡을 수는 없겠지만, 영적으로 영향력을 뿜어내게 해야겠다고 생각했다. 조상이든 귀신이든 이렇게 매일 정성으로 모시는 우상의 땅에서, 우리 집이라도 하나님이 오셔서 예배받으실 수 있는 그런 집을 만들고 싶었다. 적어도 나카노구(우리가 사는 지역)를 대표해서 매일 예배하는 집이 되고, 예배드리는 내가 되어야겠다는 욕구가 샘솟았다.

사실 일본은 아이들 학교 옆에도, 놀이터 옆에도 어디든 버젓이 절과 공동묘지가 있다. 오사카도, 도쿄도 도시 한 가운데에 수도 없이 많은 묘지가 있는데, 주택가 안에 절과 묘지가 있다. 크고 작은 비석이 즐비하게 서 있기 때문에, 나는 납골당보다는 공동묘지라는 표현을 썼다. 그곳을 마주 보고 학교가 있고, 가정집들이 있다. 볼 때마다 소름이 끼쳤다. 따지고 보면 공동묘지 옆에 집을 짓고 사는 것과 같고, 우리 집과도 그리 멀지 않았다. 정신을 바짝 차리고, 예수님의 보혈로 우리 집을 덮고, 길을 다닐 때마다 나와 가족을 보혈로 덮으며 생활하고 있었다. 나는 하나님께 기도했다.

"하나님, 제가 일본에서 전도하고 다니지는 못하지만, 일본을 대표하지는 못해도, 나카노구를 대표해서 예배하는 예배자가 될게요. 다른 집들은 우상을 섬기지만, 하나님이 이 땅을 바라보실 때, 하나님이 매일 찾아오셔서 계실 곳이 한 집이라도 있도록, 하나님께서 기뻐하시는 예배자가 되고 싶어요."

나는 될 수 있으면, 하루 한 번은, 예배를 드리기 위해 열심을 냈다. 찬양을 시키시면 찬양하고, 춤을 추라면 춤을 추고, 방언을 시키시면 방언기도를 했다. 무엇과도 바꿀 수 없는 소중한 시간이 쌓여갔다. 황금 같은 그 시간에 편집일을 한다면 더 빨리 일을 끝내고 쉴 수도 있고, 여전히 '말 못 하는 바보'라는 딱지를 떼기 위해, 일본어 공부도 할 수 있었다. 시간을 낭비하는 것 같은 생각이 들 때도 있었다. 그러나 그 시간을 빼서 드리고 싶었다. 그리고 나는 어쩌면 그 몇 초의 경험을 했을 뿐인 그 거룩한 영의 세계로 들어가고 싶었다. 그럴 수만 있다면 하나님을 만날 수 있을 것만 같았다. 나는 하나님을 너무너무 간절히 만나고 싶었다.

혼자서 예배드리는 해가 거듭될수록 나는 나의 문제로 인해서, 참을 수 없이 괴로운 시간에 들어갔다. 예전에는 무시했지만, 점점 더 이상 무시할 수가 없었다.

나는 매일 예배드리며 기도하면 할수록, 하나님이 보시는 나를 느낄 수 있었다. 하나님은 나를 너무 괜찮은 사람으로 상대해 주고 계셨다.

방언과 방언찬양을 하면서 기도로 깊이 들어가면, 하나님은 나를 하나님과 동일한 테이블에 앉은 대등한 관계처럼 높여주셨다. 마치 하나님과 예수님과 성령님의 회의에 내가 들어가 있고, 내 의견 또한 존중하시는 그런 대우를 해주고 계시는 것을 느꼈다. 그러면 나도 정말 괜찮은 사람이 되어 주님께 사랑받는 자로 하나님과 함께 있었다. 세상에 부러울 것이 없었다.

나는 너무 존귀하며 하나님의 성품을 가진 그런 대단한 사람이 되어 하나님 앞에 있으니, 행복했다. 그 모습이 하나님이 나를 보는 모습이라고 믿어졌다. 그러나

'예수님의 이름으로 기도합니다. 아멘!'

하고 일어나는 순간, 나는 내 현실의 모습으로 돌아왔다. 여전히 억척스러운 엄마, 불만이 많은 아내, 오히려 아프지 않은 곳을 찾는 것이 더 쉬울 만큼 고통스러운 몸을 갖고, 걱정과 염려 속에 눌려있는, 보잘것없고 형편없는 여자였다. 나는 이 괴리감에 너무 혼란스러웠다.

주님 앞에서 눈을 감으면, 하나님이 존귀하게 여기시는,

이 땅에서는 상상할 수도 없는 너무 괜찮은 예수님의 신부인데 다시 눈을 뜨면, 몸이 천근만근 무거워서 앓는 소리가 나고, 입이 부정적이며, 소망이 하나도 없기에 여전히 천국에 빨리 데려가 주기만을 바라는 초라한 여자가 있었다.

나는 이 문제를 해결하고 싶었다. 나는 꼭 위선자 같았다. 이중인격자이거나, 미친 여자인 것도 같았다. 이 큰 갭을 어떻게 하면 없앨 수 있는지 몰라서, 하나님 앞에서 몸부림치며 울었다.

"보세요, 하나님. 하나님이 보시는 저와, 현실의 저는 너무도 달라요. 저는 하나님이 보시는 그 모습이 되고 싶어요."

나는 나의 문제를 알았지만, 해결할 방법이 무엇인지 찾을 수가 없었다.

우울증이 사라진 기적

너무 멀었던 교회가, 우리 집에서 걸어서도 3, 40분 정도면 갈 수 있는 곳으로 이사 오는 기적이 일어났다. 넓고 넓은 도쿄 땅에서 교회가 우리 집 근처로 이사 왔다는 것은 자다가도 감사해서 눈물이 날 지경이었다.

나는 교회가 가까워지니, 언젠가는 꼭 해보고 싶었던 성가대에 들어갔다. 일주일 내내 연습해서 모든 파트의 가사를 다 외웠다. 모든 게 즐거웠다. 그러나 나는 정말이지 무대 체질이 아니었다. 주일 전날 밤이면 떨려서 잠을 자지 못했다. 성가대에 들어갔을 때부터 마지막 내려놓는 날까지 그랬다. 남편은 주일마다 성가대 연습 시간에 맞춰서 나를 먼저 교회에 데려다주면서, 한결같이 떠는 나를 보고 재미있어하며 웃으면서 말했다.

"성가대는 독창이 아니라니까! 마음 편하게 해야지. 누가 보면 솔로로 노래하는 줄 알겠네."

그러나 모두 내 모습을 보면, 내가 떨고 있다고는 아무도 생각하지 못했다. 찬양을 시작하면 다른 얼굴이 되었다.

성가대에서 찬양하기 시작한 그해 11월에, 나에게 평생 잊지 못할 일이 일어났다. 왜 그런 큰 기적의 은혜가 내게 갑자기 일어나게 되었는지 나는 아직도 모른다.

10월 중순 무렵에 우리 교회는, 미국에 있는 M교회의 목사님이 오셔서 특별 집회를 하시기로 되어있었다. 우리 부부에게, 집회가 있는 토요일 밤에 이 목사님 부부와 저녁 식사를 함께해 달라는 우리 교회 목사님의 부탁이 있었다. 그 부탁을 받은 날은 집회가 있기 3주 전이었다. 남편에게는 항상 있는 일이지만, 내가 남편과 함께 의전을 하는 것은 거의 처음 있는 일이었다.

그 부탁을 받은 주, 그러니까 집회가 열리는 3주 전인 주일에 단 위에서 찬양하고 내려와서 평소처럼 의자에 앉아서 설교 말씀을 듣고 있었다. 그런데 몸에서 점점 힘이 빠졌다. 봉헌송을 하기 전에 성가대원들은 단 위로 올라가야 하는데, 나는 다리에 힘이 풀려서 움직이지도 못하고 나가지도 못하게 되었다.

집에는 겨우 돌아왔지만, 그날부터 엄청난 고통에 시달리기 시작했다. 이것은 익숙한 듯 익숙하지 않은 색다른 아픔이랄까? 어지러움과 두통은 물론이고 온몸이 아팠다. 다시 또 뭔가 잘못되었다고 생각하고 당장 병원에 가서 검사를 했지만, 의외로 몸 상태가 멀쩡하다는 결과였다. 그러나 나는 꾀병이 아니었다. 몸이 아파서 죽을 지경이었다. 어지러워서 일어나는 것도 어려웠고, 먹지를 못해서 순식간에 살이 빠졌다. 걸어다니기도 힘들었는데, 그 와중에도 앉아서 일은 해야 했다. 그런데 아프면서도 틈틈이 이상함을 느꼈다.

"왜 통증이 돌아다니지?"

어제는 오른팔을 누가 패는 듯이 극심한 통증을 느꼈다면,

오늘은 왼쪽 다리가 잘리는 듯이 아팠다. 심장이 쪼이듯 아파서 곧 어떻게 될 것 같기도 하다가도, 어쩔 땐 옆구리가 찢어지듯 아프고, 또 어떤 날엔 횡격막 쪽이 아팠다. 나는 혹시나 이것이 영적인 일인가 생각했다.

나는 3주 동안 성가대는 물론이고 교회도 가지 못했다. 드디어 집회가 시작되었고, 나는 여전히 아팠지만, 죽으면 죽으리라는 심정으로 집회에도 가고 목사님과 식사 자리에도 참석했다. 3주 동안 잘 먹지 못했고, 그날도 식사를 거의 하지 못했다. 앉아 있기도 힘들었기 때문에, 남편은 내가 3주 전부터 아프다고 목사님께 말씀드렸다.

목사님이 어디가 아프냐고 부드러운 음성으로 물으셨다. 나는 스무 살 때부터 교통사고 후유증 때문에 아프지 않은 날이 없다고, 일 년이면 5일 정도 빼고 항상 아프다고 말씀드렸다. 그런데 지난 3주 동안에는 처음 느껴본 굉장한 통증이 있었다고도 말씀드렸다. 목사님은 따뜻하고 진심을 담은 많은 말씀을 전해주시고, 기도해 주셨다.

다음날, 성가대에 서는 것은 무리였다. 나는 여전히 못 먹고, 몸이 쑤시고, 어지럽고 두통이 있었지만, 그래도 교회에

갔다. 예배가 시작되고, 성가대 찬양을 하기 위해서 단 위로 걸어가기 직전까지도 아파서, 쓰러지지 않게만 해달라고 몇 번이나 기도드렸다.

무사히 찬양을 마치고 내려왔고, 집회는 정말 성령 충만했다. 그리고 3주 동안 나를 괴롭힌 그 극심한 고통은 성가대에서 찬양하면서 혹은 말씀을 들으면서 어느새 사라져 버렸다. 찬양하기 위해서 단 위로 올라간 후로, 내가 아프다는 것을 잊어버릴 정도로 아무렇지도 않게 되었다.

그다음 날부터 일주일 동안, 이 목사님이 선물로 주신 CD로, 성령 충만하신 목사님의 7편의 설교를 들었다. 잡힐 듯 잡히지 않는 복음, 보일 듯 보이지 않으시는 하나님, 나의 갈망은 오직 하나님 한 분인데, 목사님의 말씀이 내 마음속으로 파고들었다. 나의 하나님을 향한 갈망은 더 증폭되고, 뭔가 그 사이로 빛이 들어오는 것 같았다.

그 일주일이 지난 후에, 몸이 아픈 동안 하지 못했던 개인 예배를 다시 시작했고, 며칠이 지나지 않았을 때, 기도하는 중에 나도 모르게 갑자기 축귀가 일어났다. 나는 내보내려 하고, 그것들은 나가지 않으려 해서 그야말로 온몸을 쥐어짜며 싸우는 싸움이 되었다. 어찌나 많이 헛구역질했던지 나중에는 화장지에서 핏빛이 보이고, 땀과 눈물로 범벅된 얼굴은 부어서 핏줄이 터진 것처럼 보일 정도였다. 물론 예수님의 이름이 승리했다.

'뭔지 모르지만, 대단히 센 게 나갔나 보다!'

승리의 기쁨을 만끽했고, 늘 그렇듯 몸이 가벼워지는 느낌을 받았다. 가끔 기도 중에 있는 익숙한 축귀이기도 했고, 오늘은 좀 '다시 없기를 바랄 만큼 센 싸움'이었다는 생각만 했을 뿐 금방 잊어버렸다.

그리고 11월의 중순이 된 어느 날, 나는 누워있다가 갑자기 몸에 전기가 통과가 된 듯한 느낌으로 놀라서 벌떡 일어났다.

"나, 왜 몸이 안 아프지?"

나는 원래 몸이 아프지 않은 날이 없는데, 요 며칠 몸이 아프지 않았다는 사실을 깨달았다. 그러자 순간적으로 이 생각이 스쳐 지나갔다.

"교통사고 후유증 없어졌네!"

나는 놀라서 큰딸의 이름을 크게 불렀다.

"엄마가 요즘에 아프다고 말한 거 들었어?"

큰딸이 눈을 동그랗게 뜨고 대답했다.

"그러네. 엄마 요즘에 아프다는 말 안 했어."

24시간 아프니, 아프다는 말을 입에 달고 살았던 내가 아프다고 말하지 않고 살고 있었다.

"할렐루야! 교통사고 후유증을 치유해 주시다니! 이런 기적이 있구나!"

나는 좋아서 거실을 방방 뛰며 돌아다녔다. 다리도, 엉덩이도, 허리도, 얼굴 뼈도, 모든 뼈와 근육이 더 이상 아프지 않았다. 스무 살 이후로, 처음으로 아프지 않은 육신을 데리고 살게 된 것에 대해 가만히 있을 수가 없었다. 25년 만에 교통사고 후유증의 묶임에서 풀려나게 해주신 하나님의 은혜에 기뻐 뛰었다. 자다가도, 믿을 수 없는 이 현실이 좋아서 발을 차며, 이불과 함께 떼굴떼굴 굴렀다.

그리고 진짜 놀라운 은혜와 기적은 한 가지 더 있었다.

나는 전에는 없었던 완전히 다른 산뜻한 기분을 유지하고 있었는데, 그것은 처음에 긴가민가했다. 하루, 이틀, 사흘⋯. 이전과 다른 나의 컨디션을 느꼈다. 나는 확신했다. 교통사고 후유증만 치유해 주신 게 아님을! 내 평생 함께했던 우울증이 사라진 기적이 일어난 것이다!

나는 새로 고침을 받았다!

완전 새롭게 되었다! 할렐루야!

우울증이 있을 때와 우울증이 사라진 후는 거의 B.C와 A.D의 차이 같았다. 상상해 본 적도 없었다. 이 우울증이란 것은, 내가 느끼기에는, 나 스스로 우울증을 치료해 달라는 기도조차 나오게 하지 않는 강력한 병이다.

그렇게 시달리면서도 내 문제에 우울증이 미치는 영향이 절대적으로 크다는 것조차 깨닫지도 못했었다. 그러나 우울증이 없어지니 온 세상이 달라 보이고, 나의 문제도 다시 보였다. 내가 죽었다가 다시 새롭게 태어났다고 표현해도 무리가 없을 만큼 새로운 세계가 열렸다.

"오! 하나님! 어찌 제게 이런 일이 일어났나요? 구한 적도 없었는데, 직접 치료해 주셨습니다! 제게 무엇이 필요한지 가장 정확하게 알고 계시는 하나님께서 제게 오셔서 이 병을 만져주셨습니다! 몇십 년을 이것들에 묶여서 한 번도 사람처럼 제대로 살아보지 못한 저를 이렇게 만지셨습니다! 이제부터 저는 하나님께 감사밖에 없습니다!"

예수님은 하나님의 아들

교통사고 후유증이 사라지고, 아프다는 말이 내 입에서 끊어진 것은 우리 가족이 다 아는 사실이지만, 내 몸이 이전과 달라짐으로 인해 기쁨을 누리는 것은, 이 세상에서 오롯이 나만 느낄 수 있는 놀라운 은혜였다. 더 이상 얼굴 뼈가 아프지 않고, 비가 와도 다리가 쑤시지 않았다. 엉덩이뼈도 아프지 않고, 천근만근이던 몸이 가벼워졌다.

내 몸은 25년 동안 누우면 아래로 푹 꺼져 들어갔었다. 더 이상 내려갈 곳이 없는 바닥인데, 온 육신이 밑으로 쑤욱 꺼지는 느낌이었다. 몸은 어찌나 쑤시고 아픈지, 다리를 압박해 주는 의료 기계를 몸 전체가 들어갈 수 있게끔 크게 만들어서 내 몸 전체를 그렇게 압박해 주거나, 기름 짜듯이 짜주었으면 좋겠다고 매일 절실히 생각했다.

그런 상태인 몸에 우울증은 최악의 상황을 더하여 주었다. 땅바닥으로 꺼져 들어가는 나를 더 깊은 지하 더 깊은 지하 속으로 잡아당겨서 끌고 내려갔다. 끝이 없는 밑으로 내려가면 결국엔 죽고 싶은 간절함만 남았다. 모든 것이 끝나버렸으면 하는 간절함!

그 세상엔 기쁨이나 소망이나 사랑, 그런 단어가 없었다.

감기에 걸리면 음식의 맛이 제대로 느껴지지 않듯이 보이는 모든 일들, 모든 상황이 왜곡된 프리즘을 통과해서 전부 비극으로 보였다.

내가 가졌던 우울증의 가장 큰 문제는 하나님의 사랑 조차도 왜곡되어 보였고, 비극처럼 느껴졌다는 것이다. 나를 위해 십자가에서 죽으신 예수님께 너무 감사하지만, 그걸 알면서도 배은망덕하게 여전히 죄를 짓는 죄인이라는 것이 슬펐다. 부활은 기쁜 것이었지만, 그 기쁨이 내 마음까지 내려와서 나를 정말 기쁘게 한 적도 별로 없었다. 게다가 나는 성경책을 뜬구름 잡듯이 읽었다.

이렇게 어릴 때부터 나와 한 몸처럼 살아온 우울증과 교통사고 후유증의 아픔이 한 번에 사라졌다고는 믿어지지 않았다. 그날 그 힘든 영적 전쟁에서 떠나간 것이 우울의 영이었는지 장담할 수는 없지만, 확실한 것은 하나님의 치유의 영이 내 몸을 통과하셨고 나는 묶임에서 풀려났다는 것이다. 또한, 평생 나를 묶고 있었던 죽음의 영과 자살의 영도 함께 떠나갔다. 그날 이후로 지금까지 아무리 힘든 순간이 와도, 단 한 번도 죽고 싶다는 생각이 들지 않았다.

우울증이 사라지고 난 후, 가장 큰 변화는 성경책이 이전과 다르게 읽어진다는 것이었다. 아주 맑아진 머리로, 성경 말씀이 너무 쉽게 잘 들어왔다. 전에도 재미있게 읽었던 적이 있었지만, 이 정도는 아니었다. 성경책을 붙잡고 앉아 있을 시간이 부족했기 때문에, 식사를 준비하고 설거지를 할 때나 청소할 때, 대부분 몸을 쓰는 일을 할 때면 스마트폰에서 읽어주는 성경 말씀을 들었다. 적어도 두세 시간씩은 말씀을 들을 수 있는 시간이 났다.

하나님에 관한 생각이 점점 더 확장돼 가서, 우주를 창조하신 하나님이 얼마나 크신 분인지, 전 인류 역사의 주관자이신 하나님이 왜 알파이시며 오메가이신지 가슴으로 느껴져서 울었다.

시간이 지나자, 내게 큰 은혜의 날이 왔다.

오랜 시간 교회를 다니며 신앙생활을 해오면서, 하나님이 살아계신다는 것도 알고, 성령님이 계신다는 것도 체험을 통해서 너무도 잘 알고 있었다. 그러나 솔직한 내 문제는, 머리로는 예수님이 하나님의 아들이시라는 것을 알고 있음에도 불구하고, 가슴에서 믿어지지 않는다는 것이었다.

"정말 그분이 이 땅에 잠시 육신으로 오셨다가 가신 하나님이실까?"

"정말 그분이 하나님이시라면, 하나님이 육신으로 오셔서 우리 죄 때문에 십자가에서 대신 돌아가셨다면, 이건 큰일인데…… "

겨우 30cm도 안 되는 길이인데도, 머리가 아는 것을 가슴으로 믿어지게 하는 것은 정말 어려웠다. 아는 지식도 없고 똑똑하지도 않은 머리를 굴려 가며 생각하고 또 생각했었다. 성경에 나와 있는 말씀 그대로 이해하며, 머리로는 예수님이 하나님의 아들이라고 믿고 있음에도 불구하고, 가슴으로 그것이 진짜 받아들여지지 않는 괴로움에 신음하며 답답했었다.

그런데, 우울증이 사라지고 난 후에, 너무 쉽게 예수님이 하나님의 독생자이시며, 동시에 하나님이심을 당연하게 마음으로 믿게 되었다. 어느 순간, 예수님이 하신 모든 말씀과 십자가에서 죽으심과 부활하심이 완전히 다르게 보였다.

누군가에게는 첫날, 교회에 갈 때부터 믿어지는 예수님이, 나는 왜 돌고 돌아서 그렇게도 가슴으로 믿어지지 않아서 괴로워하다가, 이제서야 믿게 되었을까?

물론 이성적으로는 이해했기 때문에 예수님을 나의 구주로 고백할 수 있었다. 그러나 마음속에서 거부하는 그 몇 퍼센

트는 우울증이 없어지고 나서, 다시 말하면 우울의 영이 떠나가고 나서야, 가슴으로 온전히 믿어지게 되었다.

마치 어둡고 두껍게 드리워진 답답한 벽이 허물어지고, 지금껏 영의 눈과 귀를 막고 있던 어떤 가림막이 떨어져 나간 느낌이 들었다. 더 비교하자면, 시력이 잘 교정된 안경을 쓰고 나면 뿌연 것들이 맑고 선명하게 보이듯이, 영적으로 막혀있던 눈과 귀가 열린 듯 신기하게도 모든 것이 선명하고 명쾌해졌다.

'예수님의 신부'의 회개

나는 내가 죄인이라는 것을 알고 있었고, 내 속에 선한 것이 없다는 것을 알고 있었다.

나는 하나님을 믿고 나서, 같은 죄를 여러 번 회개했고, 생각나는 죄를 다 끄집어내어 회개해야 한다고 해서 모든 죄를 고백하면서 회개했었다. 용서를 받았다는 확신이 들지 않는 죄는 생각날 때마다 다시 회개했고, 그리고 날마다 무슨 잘못한 일이 있었나 되돌아보고 회개했다.

어떨 때는 반복되는 죄로 인해서 감당이 되지 않아, 하나님 앞에 면목이 없을 때가 있었다. 그러면 이런 내가 뻔뻔스러워서 더 이상 회개 기도도 못하고 죄를 쌓아놓다가, 하나님의 낯을 피해서 기도도 안 하고 얼른 잠을 청하는 날들을 보내기도 했다. 그때까지 이것이 나의 회개하는 삶의 전부였다.

그러나 그날은 모든 것이 달랐다. 처음엔 다른 날과 다름 없이 기도하고 있었는데, 어느 순간, 가슴속 깊은 곳에서 어떤 질문이 올라오고 있었다.

'너는 지금 누구의 종인가?'

나는 물론 하나님의 종이라고 생각했다. 그러나 지금껏 살아온 인생을 돌아보니, 나는 마귀의 조종을 받고 마귀가 시키는 데로 살고 있었음을 알게 되었다.

'너는 누구의 것인가?'

나는 하나님의 것이라고 생각했다. 그러나 내가 살아온 삶은 마귀의 통치 아래서 마귀의 것으로 살고 있었음을 알았다. 내 삶의 거의 모든 것은 하나님의 통치가 아니라, 마귀가 이끄는 데로 살고 있었다. 그것이 깨달아지는 순간, 나는 가슴이 찢어질 것처럼 아파서 쓰러질 것 같았다. 왜냐하면 성경에서 하나님이 이스라엘 백성에게 창녀가 되었다고 말씀하시는 구절이 떠올랐기 때문이다.

"오, 하나님 아버지! 제가 말로는 예수님의 신부라고 하면서 나는 마귀에게 몸을 판 창녀처럼 살았네요."

내가 생각하려 한 것이 아니었다. 그렇게 깨달아지자, 그냥 있을 수가 없었다. 하나님 앞에 어떤 죄인인지 알게 되었다. 얼마나 더럽고 추악한 존재로 있었는지 알게 되었다.

"하나님을 사랑한다고 하면서, 저는 외도를 하고 돌아다닌 불륜녀와 같았네요."

나는 주님이 내게 어떤 죄를 말씀하고 계시는지 알았다. 지금까지 내 삶의 주인은 마귀였으며, 나는 마귀의 통치 아래 살면서, 그것이 마귀가 하자는 데로 사는 건 줄도 모르고, 그 고통으로 인해서 하나님을 오히려 원망하며 살았던 것이다. 마귀들은 자기들의 존재를 완전히 감추고, 세상 속에 나를 가두어놓고, 그야말로 자기들의 노예처럼 통치하며 살고 있었다.

이 모든 것을 알게 되자, 내 가슴 속에서 이 원수들에 대한 분노가 일어났다. 그러나 그보다 먼저 이 바보 같은 여자를 어찌해야 할지 몰라서, 예수님께 너무나 부끄럽고 죄송해서, 온 창자와 심장의 혈관이 뜯기는 아픔에 몸부림쳤다. 내가 제일 싫어하는 원수 마귀가 나를 데리고 노는 것도 모르고 그저 그들이 짜놓은 각본대로 꼭두각시처럼 살면서, 내 고통은 온전히 하나님이 주신 거로 생각하며 살았던 것이다. 나는 회개 했다.

"아버지, 죄송해요. 몰랐어요. 정말 몰랐어요. 제가 미련하고 어리석어서 주님도 몰라보고, 내 신랑도 몰라보고, 원수한테 몸을 맡기고 살았어요. 예수님, 죄송해요."

비로소 내 원수가 쳐놓은 그물이 무엇인지 발견했다. 하나님께서 '진짜 회개'를 원하셨던 날이었다고 생각한다. 나는 비로소 하나님 앞에서 하나님의 통치를 간절히 구했다.

나는 하나님의 것이며, 예수님만이 나의 왕이심을 전심으로 고백했다.

그가 우리를 흑암의 권세에서 건져내사
그의 사랑의 아들의 나라로 옮기셨으니 (골 1:13)

기쁜 소식 1

내적 치유를 해보자
거짓은 벗기고 진리의 옷으로
내 이름으로 귀신을 쫓아내며
하나님이 싫어하실 때
하나님의 사랑의 깊이

내적 치유를 해보자

한 번도 생각해 본 적이 없었던 회개를 하게 된 후, 내 마음은 변해가고 있었다. 나는 이전보다 더 하나님을 찾았다. 하나님의 음성을 들으며 하나님과 친밀한 삶을 살고 싶었다.

7구하라 그리하면 너희에게 주실 것이요
찾으라 그리하면 찾아낼 것이요
문을 두드리라 그리하면 너희에게 열릴 것이니
8구하는 이마다 받을 것이요 찾는 이는 찾아낼 것이요
두드리는 이에게는 열릴 것이니라 (마 7:7-8)

이 말씀이 전에는 내 욕심을 위해서 적용했던 부분이 컸었다면, 이제는 온전히 하나님께만 향해 있었다. 하나님만 구하고, 하나님만 찾고, 하나님을 만나기 위해 문을 두드렸다.

나는 하나님의 사랑을 원했다. 예수님이 하나님의 아들이심이 가슴속에서 믿어지지 않았던 것처럼, 똑같이 하나님이 나를 사랑하신다는 사실도 가슴속으로 믿어지지 않았다. 물론 머리로는 하나님이 나를 사랑하신다는 것을 너무나 잘 안다. 예레미야 29장 11절 말씀을 주셨을 때, 나는 알고 있었다. 하나님이 나도 사랑할지도 모른다고. 그리고, 방언으로 기도하면서, 또는 하나님이 베풀어 주신 여러 은혜로, 하나님이 나를 사랑하신다는 메시지를 수없이 들었다. 그렇지만, 나는 하나님의 사랑에 목말랐고 공허했다. 나는 내가 왜 이러는지 예전에는 몰랐지만, 점점 조금씩 알게 되었다.

살아오면서 받은 모든 상처들을 일부러 꺼내어서 다시 확인하고 싶지 않았다. 꽁꽁 싸매고 꽉꽉 눌러서 덮어두고 살고 싶었다. 그렇지만, 하나님의 사랑을 머리가 아닌 가슴으로 느끼기 위해서는 나에게도 내적 치유가 필요하다는 것을 알았다.

내 속에서 악한 것들이 그렇게 많이 빠져나갔는데도, 여전히 내겐 문제점들이 많았다. 어린 시절부터 눌러놓았던 많은 상처는 악한 영들이 자리 잡고 살기에 좋은 몸이 되었을 것이 뻔했다. 나의 깊은 쓴 뿌리와 상처들, 또 그 쓰레기들을 먹고 내 속에서 기생하고 있는 악한 영들을 처리해야 한다는 것을 알게 되었다.

또, 하나님의 사랑의 언어를 믿고 싶어도 온몸과 혼이 거부하고 받아들이지 못하는 것은, 어렸을 때부터 듣고 자랐던 나를 향한 부정적인 말들로 인해 '나는 결코 사랑받을 자격이 없는 자'라고 뼛속까지 새겨져 있기 때문이라고 생각되었다. 그러나 한국도 아닌, 외국에서 나 스스로 해결할 방법이 없었다.

그런데 정신을 차려보니 아주 오래전에 지인이 선물해 준, HTM, 손기철 장로님의 내적 치유 집회 CD가 있었다. 십 년 가까이 서랍에 고이 간직해져 있었지만, 그동안은 마음의 여유도 없었고, 차분하게 보고 있을 시간도 없었다. 반신반의하는 심정으로 CD의 집회를 하루에 한 영상씩 보면서 기도하는 시간을 가졌다.

나는 어릴 때부터의 나의 상처를 잘 알고 있다고 여겼기 때문에, 그 부분의 해결이 가장 먼저 필요할 것이라고 당연하게 생각했다. 무엇보다도 아빠와 오빠로부터 받은 상처가 크기 때문에 용서해야 할 대상은 친정 가족일 거라는 것을 의심조차 하지 않았다. 그러나 내적 치유 기도 중에 내게 상처를 준 사람을 용서하라고 했을 때, 나는 나도 모르게 뜻밖에 남편을 지목했다. 나는 진짜 깜짝 놀랐다.

'오빠가 아니라, 남편이라고?'

신선한 충격과 함께 나는 하나님 앞에서 남편에 대한 마음을 토해 내면서 울고불고하며 난리가 났다. 인제야 내 속마음을 알았다. 나는 어찌할 바를 몰라서 대충 남편을 용서하겠다고 기도했다.

'성령님은 내가 과거보다 현재의 삶에서 중요한 남편과의

관계를 먼저 만지기를 원하시는구나!'

남편도 같은 시기에, 따로 이 CD를 통해서 내적 치유를 했는데, 나는 차마 생뚱맞게 '당신을 용서하기로 했어.'라는 고백은 못했지만, 남편과 함께 나누는 중에 남편의 쓴 뿌리와 내면의 상처에 대해서 알게 되는 좋은 계기가 되었다.

내적 치유를 하면서, 나도 몰랐던 내 속마음을 알아서도 놀랐지만, 정말 더 놀란 것은 직접 그 현장에 가서 참여하고, 기도 받아야 할 거라고 생각했던 집회를, 영상으로 보고 듣기만 해도 현장에 있는 사람처럼 성령님이 내게 오셔서 나를 만지셨다는 사실이었다. 저 집회를 한 날이 언제인데, 그것을 녹화한 것을 보는 지금, 이 시점에서 성령님의 역사가 일어난다면, 영의 세계는 시간과 공간을 초월한다는 것이었다. 당연한 사실일지 모르지만, 나는 그저 이 새로운 발견이 놀랍다는 생각이 들었다.

거짓은 벗기고 진리의 옷으로

처음에 방언과 방언찬양을 하면서, 내 안에서 실체로 역사

하시는 성령님과, 또 내 속에서 악한 영들이 떠나가는 것을
경험하면서부터, 영적인 세계에 대해서 궁금했다.

사람은 하나님의 형상으로 만든 영적인 존재이기 때문에,
영적인 것에 대해서 몰라서는 안 된다는 생각이 들었다. 외국
이라 책을 구하는 것이 어려워서, 유튜브를 통해서 궁금한 것
들을 배워갔다. 홍수처럼 많은 영상들 속에서, 검열을 받아 통
과한 것을 마셔야 안전하므로 우선 CGN과 갓피플TV에서 선
별해 주신 사역자님들의 설교를 찾아서 듣거나, 그렇지 않은
분들은 남편이 검증하는 것을 도와주었다. 나는 귀한 사역자
분들의 설교나 세미나를 많이도 찾아가면서 공부했다. 나중에
깨달았지만, 내가 찾아서 보는 것 같았으나, 사실은 하나님께
서 내가 알아야 할 것을 찾게 해 주셔서 먹이고 계심을 분명
히 알았다. 참으로 감사한 일이었다.

나는 쓴 뿌리와 상처로 꼬여있고, 매우 부정적인 가시밭과
같은 마음 밭을 가진 사람이어서, 복음 앞에서도 쉽게 무너지
지 않는 견고한 진을 갖고 있었다고 생각한다. 또 우울증을 비
롯한 많은 악한 영에 갇혀서, 살아있으나 죽은 자처럼 살아왔
었다.

그런데 어느 날 듣게 된, '우리는 단지, 죽고 나서 천국에

가기 위해 구원받은 것이 아니라, 이 땅에 하나님의 창조 목적을 이루기 위해서 살아가는, 하나님의 자녀이다'라는 메시지가 가슴을 뛰게 했다. 예수님이 나 대신 십자가에서 죽으시고 부활하심으로 나는 하나님의 의가 되었고, 성령님이 내 안에 오시게 되었다. 그렇다면, 나는 처음부터 하나님의 자녀이며, 나는 이미 내 안에 예수님이 계시는 엄청난 존재이다. 그런데도 마치 예수님이 없는 사람처럼 살아왔다.

지금까지 나는 쓴 뿌리와 상처에 매여서 내가 누구인지도 모르고 마귀의 종으로 살아왔는데, 그 거짓이 진짜 '나'라고 믿고 살고 있는 내 거짓 자아가 죽을 때, 내 안에 계신 예수님이 나를 통해 나타나신다는 것이다.

나는 지금까지 내가 태어나지 말았어야 하는 사람이라고 믿고 살아왔다. 저주받은 인생이며, 되는 일이 없는 재수 없는 여자라고 믿고 살아왔다. 나 때문에 다른 사람까지도 피해를 보고 있으며, 모든 사람이 나를 무시하는 것이 당연하다고 생각하며 살아왔다. 미련한 아이이며, 못생기고 못났고, 처참한 육신을 가진 여자라고 믿었다. 영원히 가난에 묶여서 살아야 하는 인생인가 보다 하고 살아왔다. 그래서 나는, '사랑받기 위해 태어난 사람'이라는 노래가 너무 싫었다.

그런데 이것은 모두, 마귀의 종으로 있으면서, 마귀가 내 속에 심어둔 거짓말이었음을 알았다. 내가 지금껏 속고 살았다는 것을 알았으면서도, 이런 거짓이 단단한 믿음으로 깊게 박혀있는 나, 내 속에 있는 쓴 뿌리와 견고한 진을 뽑아내는 작업은 쉽지 않았다.

나는 내 존재가 예수 그리스도 안에서 어떤 존재인지 말해주는 능력의 말씀을 녹음했다. 사탄의 거짓말들을 벗겨내고 싶어서였다. 녹음해 놓은 말씀들을 매일 반복해서 먹으면 마귀가 내 뼛속까지 새겨놓은 거짓말들이 벗겨지고, 하나님의 진짜 사랑으로 새롭게 될 것 같았다.

처음엔 좋았지만, 은근히 거부반응이 일어났다. 진리인 것처럼 깊게 새겨진 거짓말들이 벗겨져 나가면서 마음속 깊은 곳을 휘저어 놓는 것 같았다. 더불어서 외부 환경이 나를 가만두지 않았다. 마귀는 나를 놓아주지 않으려고 마지막 발악을 하는 듯 고통스러운 일들을 만들어 놓고, 다시 나를 원점으로 끌어내리려 했다. 매일 매 순간 많이도 넘어지고, 많이도 울었다. 어떤 시기는 성경 말씀을 듣는 것도, 녹음해 둔 설교 말씀을 듣는 것도 그만두게 되었다. 속된 말로 '때려치웠다'라는 말이 더 어울리는 표현일 것 같다. 나와 가족을 점점 더 파괴하는 일들이 오랜 시간 동안 벌어졌다.

그러나 하나님은 쓰러진 우리를 일으켜 세우시는 분이시다.

마귀의 온갖 거짓말과 나와 가정을 파괴하려는 계략과 그들의 손아귀에서 벗어나, 내가 진짜 하나님의 자녀라고 믿어지는데, 거의 2, 3년 정도의 대전쟁을 겪었다.

벽돌처럼 단단했던 거짓의 나를 부서뜨리시고, 참 진리의 말씀으로 옷 입혀주셨다.

내가 무슨 노력을 해서 부서진 것이 아니라, 성령님이 하셨다. 성령님의 임재를 구하며 계속 말씀을 내 속에 넣어주었을 때, 성령님께서 더럽고 거짓된 것들은 빠져나가게 하시고, 태초에 하나님이 나를 만드신 형상대로 다시 세워가기 시작하셨다.

이 글을 쓰고 있는 지금도 아직 싸워야 할 때도 있지만, 내 변화의 가장 큰 은혜는, 이젠 더 이상 속지 않는다는 사실이다.

오늘도 참 진리가 나를 자유케 한다.

내 이름으로 귀신을 쫓아내며

보이지 않는 세계가 더 중요하다는 것을 알게 되면서 축귀가 실제임을 더 확실하게 인식하게 되는 사건이 일어났다.

예전에는 방언기도나 찬양을 할 때, 내 안에서 먼저 반응하며 나오는 악한 영들을 대적 기도를 해서 쫓아냈지만, 이제는 내가 먼저 공격해서 쫓아내는 방법을 취하게 되었다. 전에는 다른 사람을 위해서 중보기도를 할 때도, 수동적인 기도를 하다가, 뭔가 반응이 오면 축귀했었다. 그런데 이제는 막연하게 하는 대적 기도가 아니라, 어떤 악한 영이 있는 줄 알면 내가 먼저 쫓아낼 수 있다는 것을 알았다.

나는 남편에게 불만이 많았다. 남편을 사랑하면서도 사랑하는 만큼이나 미워하는 감정도 쌓여갔던 것 같다. 그러다가 어느 순간부터는 남편이 눈에 안 보일 때도, 24시간 내내 남편을 가슴에 품고 다니며 원망했다. 그런 지옥이 없었다.

나는 어느 날 설거지를 하는 중에 이런 내가 너무 비정상적인 줄도 모른다는 생각이 들었다. 특이하게도 그날, 이 괴로움이 어릴 때 내 상처와 연관이 있는지도 모른다는 생각이 스쳐 지나가서, 혹시나 하는 마음으로 설거지를 하면서 기도했다.

"예수 그리스도의 이름으로 명한다! 내가 어렸을 때 친정에서, 오빠들은 집에서 쉬게 하고 나만 집안일을 시키고, 나만 엄마 가게에서 일하게 함으로써 생긴 불평불만과 미움과 원망 때문에 나에게 들어온 더러운 영아, 남편을 미워하게 하는 더러운 영아, 예수 그리스도의 이름으로 명하노니 내게서 떠날지어다!"

진심이었지만, 설마 하면서 축귀한 선포가, 그것도 설거지하면서 한 기도인데, 이 설렁설렁한 기도에, '예수 그리스도의 이름!'의 그 위대한 능력이 나타났다.

축귀 기도 한 번에, 내 속에 있던 미움이 단 한 번에 거짓말처럼 사라졌다. 나는 정말 신기해서 어쩔 줄을 몰랐다.

'이럴 줄 알았으면 진작 할 걸! 그랬으면 남편을 미워하는 지옥에서 안 살았을 텐데! 이게 뭐야!'

허무하리만큼 미움의 영은 그냥 나갔고, 내 속에 무겁고 검은 덩어리가 사라졌다. 묶임에서 풀려난 나는 시원하고 자유로워졌다.

내가 미워하는 것에는 내 인성만이 아니라, 마귀의 역사도 있었다는 것을 발견해서 놀랐다. 그 악한 영의 이름을 콕 집어서 나가라고 명령했을 때 그것들이 나갈 수밖에 없다는 것을,

체험을 통해 알았다.

나에게 있는 능력이 아니라, 예수 그리스도의 이름의 능력
으로 나간 것이다.

그래서 우울증에 대해서도 다시 생각해 보게 되었다.

한 번만이라도 우울의 영에 대해서, 또 죽음의 영에 대해
서 축귀를 해 보았었다면, 더 일찍 우울증에서 빠져나올 수 있
지 않았을까? 물론, 우울증을 겪고 있는 동안에 나는, 마귀의 역
사가 있다고 눈치채고 축귀를 할 수 있는 상태가 아니었다.

그러나 누구라도 우울증의 증상이 있는 줄 알고 있는데,
병원의 도움을 받을 수 없거나, 치료를 받고 있어도 여전히
차도가 없다면, 예수 그리스도의 이름으로 우울의 영을 쫓아
내는 축귀를 해본다면 그 이름의 능력을 체험하게 될 것이라
고 믿는다. 그리고 염려나 걱정, 근심, 슬픔, 두려움, 죽음, 시
기나 질투, 불안과 공포, 의심, 거짓, 불신, 자기연민이나 상실
감, 또 어떤 중독 등 그러한 영에 묶여있다고 생각된다면, 그
악한 영들을 예수 그리스도의 이름으로 쫓아낼 수 있다. 예수
님께서 그렇다고 말씀하셨기 때문이다.

"믿는 자들에게는 이런 표적이 따르리니 곧 그들이 내 이름으로 귀신을 쫓아내며" (막 16:17)

우리는 모두 예수님의 이름으로 악한 영을 쫓아낼 수 있다. 한 번 해서 안 나가면 나갈 때까지 계속하면 된다. 쫓아낸 후에는 성령 하나님께서 우리를 주님의 사랑으로 온전히 채워주시기를 기도하면 그 묶임에서 영원히 자유로워질 것이다.

나는 더 집중해서 축귀에 대해서 듣고 하고, 책을 읽어가며 배우면서, 남편과 나의 가계에서 흐르는 악한 영들의 영향력에 대해서 예수 그리스도의 이름으로 한동안 축귀했다.

그리고 매일 보혈 찬양을 부르고, 기도할 때마다 가장 먼저 우리 집에 예수 그리스도의 피를 뿌렸다. 나와 남편과 아이들에게 예수 그리스도의 피를 뿌렸다. 하나님의 피다. 예수님이 십자가에서 흘리신 피는 지극히 높으신 하나님이 그의 자녀들을 살리기 위해서 몸을 찢으시고 흘리신 피다.

이 피가 씻지 못할 죄는 없다. 이 피를 견딜 수 있는 악한 영도 없다. 나는 그래서 예수님의 보혈과 예수그리스도의 이름의 위대함에 새로운 눈이 열렸다.

하나님이 싫어하실 때

²너희가 비판하는 그 비판으로 너희가 비판을 받을 것이요
너희가 헤아리는 그 헤아림으로 너희가 헤아림을 받을 것
이니라
³어찌하여 형제의 눈 속에 있는 티는 보고 네 눈 속에 있는
들보는 깨닫지 못하느냐 (마 7:2-3)

어느 날 이 말씀이 크게 보였다.

나는 어릴 때부터 다른 사람에 대해 이야기하는 것에 크게
개의치 않았다. 학교 친구는 물론이고, TV에 나오는 연예인에
대해서며, 교회에서 만나는 분들이며, 다른 누구라도, 내 판단
으로 이야기한들, 조심스럽긴 하지만 그래도 가족이나 지인과
하는 이야기인데 그럴 수도 있다고 가볍게 생각했다.

그런데 이제는 말씀을 읽으면서, 큰 찔림을 받았다. 안 지
키면 무슨 큰일이라도 날 것처럼, 이 말씀을 지켜야 한다는
생각이 들었다. 그래서 그렇게 쉽게 내뱉었던 판단을 없애기
위해 노력하기 시작했다. 누구의 험담도 하지 않고, 다른 사람
에 대해 말해야 한다면 좋은 말만 하기로 마음먹었다. 그것은
나보다 하나님이 더 강력하게 원하고 계신다는 것을 몇 번의

사건을 통해서 확신하게 되었다.

하루는 도쿄에 있는 한 한국마트에서 큰딸과 함께 이런저런 이야기를 하며 장을 보고 있었다. 딸은 교회에 함께 다니는 친구에 대해서 이야기하고 있었는데, 그 친구에 대해 나는 좋지 않은 판단을 내려서 말하게 되었다. 마음속에서는 그런 말을 하지 않아야 하는 줄 알면서도 내 입술은 마음과 다르게 교만했다. 이런 말을 하고 나서 몇 초가 지나지 않았을 때, 나는 비명을 지르며 쓰러질 뻔했다. 이야기의 주인공인 그 친구의 할머니가 갑자기 나타나서 나에게 인사를 했기 때문이다. 나는 심장이 멎을 뻔했고 얼굴이 붉어졌으며 이 상황을 어떻게 해야 할지 몰랐다. 한 번도 겪어보지 못한 당혹감이었다. 우리는 우연한 장소에서 뜻밖의 만남으로 인해 반갑게 웃으면서 인사했지만, 나는 이미 혼이 나가버렸다는 표현이 맞을 듯했다.

'혹시 들었으면 어떡하지?'

이런 걱정과 함께 너무 큰 미안함과 나의 뻔뻔스러움에 대한 자책과 죄 된 입술의 후회가 범벅이 되어서 몸살이 났다. 나는 하나님께 얼마나 회개했는지 모른다. 이 상황이 절대 우연이 아니라는 것을 알았다.

"하나님, 죄송합니다. 제가 다시는 다른 사람에 대해 나쁜 말을 하지 않고, 판단하지 않겠습니다. 그러니 그분이, 제 말을 못 들었다고 말씀해 주세요!"

만나서 얼굴을 보면서는 웃는 얼굴로 좋은 말을 하고, 속마음으로는 다른 생각을 하는 뻔뻔스러운 죄를 다시는 짓지 않겠다고 다짐했다.

또 어떤 하루는 저녁 시간에 치킨을 배달시켰다. 도착할 시간이 지났는데도 깜깜무소식이었다. 집 앞까지 다 와서 동네를 헤매고 다니는 것 같았다. 우리 집은 한 블록이 다 같은 주소였기 때문에, 그런 경우가 종종 있었다. 도착할 시간이 지나고, 그보다 더 30분 정도가 넘어서자 나와 아이들은 다 같이 밖으로 나갔다. 집을 못 찾는 것이 분명하다고 생각했다. 한참 후에 오토바이가 멈췄고, 배달하시는 분이 내렸는데 얼굴에 미안한 기색이 역력했다.

그런데 나는 이미 다 식어버렸을 치킨을 생각하니 속이 상하고, 집을 못 찾아도 너무 못 찾은 그 사람에 대해 원망과 비난의 마음을 품고, 순간적으로 그를 흘겨보고 집으로 들어왔다. 그는 진심으로 미안하다고 말하고 돌아갔다.

나는 집에 들어와서 식은 치킨을 보는데, 갑자기 심장이 찢어지듯 아파졌다. 치킨이 식어서가 아니었다. 그건 하나도 중요하지 않았다.

'방금 내가 무슨 짓을 한 거지?'

나는 그 사람을 흘겨본 내가 소름 끼쳤다.

'이깟 먹을 게 뭐가 중요하냐? 사람이 중요하지. 그 사람이 일부러 늦은 것도 아닌데.'

나는 나의 교만함에 가슴이 찢어졌다. 치킨을 먹을 수가 없었다. 하나님 앞에 너무 죄송하고 창피했으며, 그 사람에게 미안한 마음으로 몸 둘 바를 몰랐다. 마음이 아파서 가만히 앉아 있을 수가 없었다. 너무 아파서 숨을 쉴 수도 없었다.

나는 몇 날을 후회하며, 하나님께 기도했다.

"하나님, 그 사람이 저 때문에 상처받지 않게 해주세요. 제가 그에게 눈을 흘긴 것을 그 사람이 잊어버리게 해주세요."

나는 그를 위해 축복 기도를 했다. 내 마음이 아픈 것은 마치 나의 교만함으로 인한 하나님의 고통인 것처럼 생각되었다.

그리고 내 교만함의 상태를 그대로 보게 하시려고 하나님이 작심하신 듯 나를 교육하신 엄청난 날이 있었다.

그날은 남편이 6년 만에 신학교를 졸업한, 다음날에 일어났다. 전날에 남편이 졸업식을 하는 날이기에 가족이 모두 저녁에 있었던 졸업식에 참석했고, 집에서 조금 멀리 떨어진 곳이라 밤늦게 돌아왔기 때문에, 아들 다윗은 체력이 없으니 곧 바로 쓰러지듯 잠들었다.

다음 날 아침, 등교 시간이 다 됐는데 다윗은 꾸물거리면서, 숙제를 못 했기 때문에 당장 학교에 갈 수 없다고 말했다. 나는 다윗을 혼내기 시작했다. 숙제가 있었으면, 어젯밤에 늦었어도 숙제를 하고 자야 했고, 아침에 숙제할 시간이 없으면, 일단 학교에는 가서 해결해야 하는 거라고 말했다. 그래도 다윗은 고집을 피우며, 숙제를 하기 전까지는 학교에 갈 수 없다고 말했다. 나는 다윗에게 엄청나게 화를 냈다. 바로 전날, 신학교의 졸업식에서 온화하고 다정했던 엄마의 모습은 온데간데없었다.

나는 이 분노가 다윗에게도 있었지만, 늘 나 혼자서 이런 다윗을 감당하게 하는, 남편에게도 향하고 있다는 걸 알았다. 그래서 출근한 남편에게 전화했다. 다윗이 숙제를 끝내기 전까지는 학교에 가지 않겠다고 말한다고 말했다. 남편은 차분하게 담임선생님께 전화하겠다고 말하며, 이것저것을 물어보았다. 나는 전화기에 대고 다른 날보다 더 엄청나게 큰 소리로 악을 쓰면서 다윗을 쥐잡듯 잡았다. 그건 다윗을 핑계로 한, 남편에 대한 화를 내고 있는 거였다. 나는 마치 미친 여자처럼 소리쳤다.

전화를 끊고, 다윗은 숙제를 끝마치고 학교에 갔다. 나는 혼자 남았다. 조용한 집에서, 내 생각이 잔잔하게 움직이다가 어느 한순간에 소름이 쫙 끼쳤다. 그 이유는, 그때 당시에 남편이 들고 다니는 스마트폰은 스피커 상태가 아니어도, 상대방의 목소리가 밖으로 다 들린다는 사실이 기억났기 때문이다. 사무실에 출근한 남편에게 나는 생중계로 내 괴물 같은 본성을 보여준 것이었다. 바로 어제 졸업식에서 남편의 사무실 직원들을 다 만났었는데 말이다. 나는 순간 너무 무섭고 창피했다. 아무도 없었지만, 부끄러움으로 온몸이 빨갛게 달아올랐다. 얼굴이 화끈거리고 심장이 터질 것 같았다. 가만히 앉아 있을 수가 없었다.

'하나님! 제가 안 바뀌니 이렇게까지 하십니까? 하나님, 어떻게 이렇게까지 하십니까?'

나는 너무 큰 자괴감에 하늘이 무너질 듯이 크게 울었다. 남편에게 전화해서 아침에 전화 통화할 때 옆에 누군가 있었는지 없었는지를 물어보고 싶었지만, 있었다고 해도 고통이었으며, 없었다고 해도 달라질 것이 없었다. 이것은 하나님께서 나에게 마지막으로 주신 경고라는 생각이 들었다. 하나님은 언제나 나의 수치를 가려주시는 좋으신 분이시다. 그러하신 분이시니 이런 일을 막아 주실 수도 있었는데, 이런 일이 생긴 것은 나를 향한 하나님의 개입하심이라고 인정할 수밖에 없었다. 나는 하나님 앞에서 철저하게 회개했다.

"하나님, 겉과 속이 다른 일은 절대 하지 않겠습니다."

"그리고 우리 아이들에게 오늘처럼 화내는 일은 하지 않겠습니다."

다윗이 하교하고 집에 돌아왔을 때, 아들에게 말했다.

"다윗, 엄마가 아침에 화내서 미안해. 엄마가 아침에 너무 했지?"

다윗이 말했다.

"あさはひどかったよ。(아침에는 너무 심했어요.)"

"그랬지? 엄마가 너무 심했지? 엄마도 놀랐어. 다윗, 엄마가 미안했어. 엄마가 다시는 안 그럴게. 오늘 하나님께 야단도 맞고, 회개 많이 했어. 엄마 용서해죠."

다윗은 부드럽고 너그러운 성품을 가진 아이라, 나를 금방 용서해 주었다.

하나님의 사랑의 깊이

눈에 보이지 않으시는 하나님께서 내 삶에 직접 개입하셔서 본격적으로 나를 바꾸기 위해 훈련을 하고 계신다는 것을, 차츰 눈에 보이는 것처럼 알게 되었다. 계획적이시고 철저하시고 꼼꼼하게 인도해 가고 계신다는 사실을 느꼈다.

우울증이 없어지고, 예수 그리스도가 나의 진정한 주인이심을 진심으로 알게 되자, 비로소 나 자신이 지금까지 세상의 영의 속임수에 둘러싸여서, 진짜를 알지 못하고 살았다는 것을 깨닫게 되었다. 나 자신과 내 삶에 하나님의 통치를 구하자, 기도하고 있을 때뿐만 아니라 기도하고 있지 않는 순간에도 하나님은 이전과 달리 내가 느낄 수 있을 만큼 세밀하게 나를 인도하고 계심을 서서히 알게 해 주셨다.

나의 기쁨은 이루 말로 표현할 수 없었다.

창세기 1장 1절 말씀이 인제야 가슴으로 진짜 믿어지는 것이 너무 신나서 뒹굴뒹굴 구르며 좋아했다.

"태초에 하나님이 천지를 창조하시니라" (창 1:1)

"창세기 1장 1절 말씀은 파도 파도 너무 좋다!"

나는 또, 교회를 다니는 순간부터 습관처럼 외웠지만, 그렇게까지 크게 와닿지 않았던 요한복음 3장 16절 말씀이 이제서야 진짜로 깨달아져서, 이 말씀 한 구절을 붙잡고 울었다.

> "하나님이 세상을 이처럼 사랑하사 독생자를 주셨으니 이는 그를 믿는 자마다 멸망하지 않고 영생을 얻게 하려 하심이라" (요 3:16)

하나님이 세상을 사랑하시는데, 이처럼 사랑하신다는 '이처럼'이 사무쳐서 울었다. 하나님은 이 세상을 만드시고 '좋았다.'라고 말씀하셨는데, 하나님이 만드신 이 세상이 얼마나 아름답고 사랑스러운지 가슴으로 느껴졌다.

나는 때때로 누군가를 위해 깊이 기도하고 있으면, 그를 향한 하나님의 사랑을 느껴지게 해주실 때가 있어서 행복해지기도 했다.

'하나님이 그 사람을 이런 마음으로 사랑하시는구나.'

'이 사랑'은 내가 아는 단어로는, 내가 할 수 있는 말로는 표현할 수가 없다. 분명히 내가 느끼는 느낌은 하나님의 진짜 사랑의 0.1도 되지 않을 텐데 말이다. 그런데도 그 사랑이 전달되어 가슴으로 느껴지면, 먼저는 내가 있는 방에 공기가 달라지고, 시간의 흐름이 멈춘듯하며, 내게는 없는, 주님이 부어주시는 그 마음으로 그 사람을 보게 되었다. 하나님께서 그 사

람을 사랑하는 그 사랑을 조금 맛보는 것만으로도 주님의 사
랑에 충만해져서 행복해졌다.

한 번은 오랫동안 우리 부부를 너무 힘들게 하는 어떤 분
과 함께 예배드리게 되었다. 그분을 마주하는 것조차도 어려
운 마음이 드는 분이었다. 예배를 함께 드리는 중에 그분이 일
어나서 이야기하고 있었는데, 순간 하나님께서 그분을 어떤
심정으로 보고 계시는지를 성령님께서 내게 부어주셨다.
　주님께서 보시는 그를 향한 여러 개의 마음이 한 덩이가
되어 내 마음을 감쌌고, 나는 그분을 향한 아버지의 마음을
알게 되어서 황홀해졌다.
　'하나님, 저분을 그런 마음으로, 친히 만드시고 키우시는
아버지의 마음으로 보시네요!'
　내가 알고 있는 단어로 표현한다면, '그를 다 안다'라는 것
이었다. '긍휼'이었다. '안타까움'이었고, '보호하심'이었다. 아
주 어릴 때부터 그의 모든 것을 지켜보고 계시며 안쓰러워하
시고 사랑하시는 복합적인 마음을, 하나님의 그 사랑의 깊이
를 나는 표현할 길이 없다. 나는 단숨에 그분을 같은 마음으로
보게 되었다. 그분을 향해 있었던 불편함이나 '싫다'라는 단어
는 이미 무의미해져 버렸다.

'하나님은 세상을 사랑하시고, 사람을 사랑하시는구나! 누구도 사랑하지 않는 사람이 없구나! 하나님은 정말 깊이 사랑하시는구나! 하나님의 사랑은 우리가 아는 사랑과는 레벨이 다르구나!'

하나님은 내가 경험하고, 알고 있는 사랑으로는 결코 헤아릴 수 없는 전혀 다른 차원의 사랑으로 사랑하신다는 것을 알아가고 있었다. 나는 기억하고 있다. 방언으로 기도하며 깊이 들어갔을 때, 하나님께서 나를 대해주시는 그 존귀함을. 하나님께서 우리 모두를 그렇게 존귀하게 여기고 있다고 생각하면, 내가 사는 동안 나는 누구도 무시할 수도 없고, 이 세상에는 무시당하여도 되는 사람은 없다.

'하나님, 예수님, 성령님이 서로를 존귀하게 여기듯이 마치 우리들 한명 한명이 그처럼 존귀하고 사랑스러운 자녀들이라면, 내가 감히 어찌 함부로 판단하고, 눈앞에 없다고 나쁜 마음을 품거나, 나쁜 말을 할 수 있겠는가!'

하나님은 마음 밭이 심하게 뒤틀린 나를 철저하게 훈련시키시면서, 내가 다른 사람을 판단하지 않기를 바라셨는데, 내 속마음이 진심으로 그러하기를 원하셨다. 혹시라도 내가 이것을 잊어버리고 사람에 대해 나쁜 생각을 하면 곧바로 회개의 기도를 해야 했다. 예전 같으면, 대충 넘어갔을 아주 사소한 생각도 하나님이 싫어하시는 것이면 가슴이 아파서 견딜 수가 없었다.

그동안 교회에서 부르는 찬양곡 중에 나의 마음을 다 알고 계신다는 가사를 가진 찬양을 부를 때마다 많은 위로를 받았다.

주님은 내 안에 계시고, 내 이름을 아시고, 내 모든 생각도 아시며, 나의 아픔, 나의 억울함, 나의 눈물, 나의 고통을 다 알고 계시는 하나님이시니 얼마나 위로가 되는 가사인지 모른다. 그러나 어느 순간 이러한 가사를 노래하면서 나는 소스라치게 놀랐다. 나의 신음까지도 듣고 응답하시는 하나님이시라면, 내 아픔과 내 고통과 내 억울함만 아시는 것이 아니다. 내가 지금 누구를 싫어하는지, 내가 겉으로는 웃으면서 속으로는 어떤 계산을 하고 있는지, 어떤 음란함이 스치고 지나갔는지, 또 어떤 불평불만이 있는지도 다 알고 계신다는 것이다.

'아! 세상에! 나는 이런 찬양을 부르면서 반 만 생각하고, 내 위주로 위로받고 있었구나! 이런 사기꾼 같은 나의 위선을 보시고 하나님은 얼마나 마음이 아프셨을까!'

나는 하나님 앞에서 안과 밖이 똑같은 사람이 되어야 함을 뼈저리게 알게 되었다. 하나님은 만홀이 여김을 받지 않으신다.

내게 무슨 악한 행위가 있나 보시고
나를 영원한 길로 인도하소서 (시 139:24)

이런 나를 살리시기 위해, 이 세상의 알파이시고 오메가이신, 만물의 창조주이시며 역사의 주관자이신 하나님께서 친히 인간의 몸으로 피조물의 세상에 오셨다는 것이 너무도 상상할 수 없는 은혜라서 울었다. 그 높으신 하나님이 왜 대신 죽기까지 하시며 나를 살리신 것인지 그 사랑을 나는 도저히 이해할 수가 없다.

기쁜 소식 2

'돕는 배필'로의 부르심
뜻밖의 하나님의 뜻
실수가 없으신 하나님
말씀은 예수님이시다
스스로 속이지 말라

'돕는 배필'로의 부르심

진짜 적은 밖이 아니라 내 안에 있었다. 그런데 나는 내 적이, 밖에 있다고 믿고 있었다.

마귀에게 있어서 '가정 파괴'가 제1의 목표이기 때문에, 부부는 마귀에게 '영순위 공격 대상'이라는 것을 알고 있었다. 그렇지만, 나는 정신을 차리기 전까지는, 우리 부부가 싸울 때, 남편의 입에서 나오는 모든 말을 받아먹었다. 그 말을 묵상하고 묵상하다가 화병이 날 지경이었다. 그런데 정신을 빠짝 차리고, 영적으로 분별하면서 들어 보니, 마귀가 남편의 입을 통해서 공격하고 있다는 것을 깨닫게 된 순간이 있었다.

'저 단어가 들어간 말을 왜 남편이 말하지?'

나만 알 수 있는 아픈 말을 남긴 남편은 정작 자신이 어떤 말을 했는지도 기억하지 못했다. 물론 나도 남편에게 어떤 상처를 주는지 모르고 함부로 말했을 것이다.

마귀는 부부가 싸우게도 만들고, 싸우는 순간에는 우리의 감정과 입을 통해서 상대방이 가장 상처받는 말을 골라서 던지도록 이용한다는 것을 알았다. 이것을 깨닫게 된 순간부터, 부부 싸움이 더 이상 그렇게 남편을 미워하는 일이 되지도, 상처받는 일이 되지도 않았다. 지금은 우리 부부도 싸울 일이 거의 없는, 이해와 평화의 시대로 진입했음에 감사하다.

> 우리의 씨름은 혈과 육을 상대하는 것이 아니요
> 통치자들과 권세들과 이 어둠의 세상 주관자들과
> 하늘에 있는 악의 영들을 상대함이라 (엡 6:12)

그러나 부부 관계에 상당히 많은 부분이 영적인 공격이 포함되어 있다는 것을 깨닫기 전까지, 나는 결혼 생활이 힘들 때마다 남편을 변하게 해달라고 기도했다. 내가 얼마나 큰, 어떤 피해자인지 하나님께 호소하며 말씀드렸다.

"하나님, 하나님이 나의 아버지시잖아요. 친정 아빠 아니신가요? 친정 아빠시면, 사위인 남편한테 말씀 좀 해 주시면 안 돼요? 내 딸을 괴롭게 하지 말고, 내 딸한테 잘 좀 하라고요."

그러나 하나님은 남편의 아버지이시기도 한 것이 문제였다. 그편이면 나는 며느리인 셈이다. 오랜 시간 남편을 변화시켜 달라고 기도했지만, 오랫동안 응답이 없으시던 하나님께서 언제부턴가 골방 기도를 드릴 때마다 자꾸 나를 붙잡으시는 것 같았다. 나는 어떤 말씀이 나올 것만 같으면,

"예수님의 이름으로 기도드렸습니다. 아멘."

번개처럼 빠르게 마침표를 찍듯이 마무리하고 급하게 일어나서 뒤도 돌아보지 않고 방을 나왔다. 나는 하나님이 무슨

말씀을 하실지 어렴풋이 알고 있었다. 나는 그 말씀을 듣게 될까 봐 매번 모르는 척 도망쳐 나왔다.

하나님이 하실 말씀이 있는 것 같은 느낌에 순종해서 진짜 기다리고 앉아 있으면, 남편이 내게 잘못한 것은 온데간데없고, 내가 남편에게 잘못한 것만 다 보여주실 것 같았다. 나 자신이 창피해지고 후회를 하고 반성하며, 회개하게 될 것 같은 그런 불길한 예감이 들었다. 내 잘못을 바라볼 용기도 없었고, 또 인정해 버리기에는 자존심이 허락하지 않았다.

그러나 하나님을 이길 용기는 더 없었다. 오래 지나지 않아, 골방 기도 중에, 기다리라고 하시는 것 같아서 순종하고 잠잠히 있었더니, 불길한 예감은 딱 맞았다. 나는 남편에게 잘못하고 있는 나 자신을 보게 되었다. 가슴이 찢어지게 아파서 몸을 쥐어짜며 통곡하며 회개하기 시작했다.

'하나님이 옳으시다!'

어떤 핑계도 댈 수 없었다. 나는 틀렸었다. 내가 더 의롭다고 생각했던 모든 것이 내가 죄인이라는 것만 더 또렷하게 보이게 해 주었다. 하나님은 내가 세운 의로운 잣대로 남편을 난도질하고 있었던 나 자신을 보게 해 주셨고, 나는 철저하게 회개하게 되었다. 남편은 나의 적이 아니었다. 나를 파괴하는 적은 남편도 아이들도 아니라, 바로 내 자신이었다.

'이런 죄인이 없었구나!'

그렇다고 남편에게 용서를 구하지는 않았다. 그런 자존심은 지키면서(하하하), 이전과는 전혀 다르게 남편을 바라보게 되었다.

이기적인 나를 내려놓고 보면, 남편은 좋은 사람이다. 내 평생 원수와 같았던 술을 입에 대지도 못한다. 남편은 남편으로서의 권위의식을 갖고 아내 위에 군림하려고 하지 않았다. 또 남편은 내 피부병을 가지고 단 한 번도 나를 아프게 한 적이 없었다. 친정에서도 맨다리를 내놓고 있기가 거북스러웠었는데, 결혼하고 남편 앞에서는 맨다리를 내놓고 있으면서 신경을 쓴 적이 단 한 번도 없었다. 그만큼 남편은 내가 백반증이 있는 것조차 잊어버리고 살 만큼 의식하지 않도록 해주었다. 아토피 때문에 피부가 온통 나무껍질처럼 되었을 때도, 여자로서 주눅 들게 한 적이 없었다. 오히려 피가 나는 두피와 내 가려운 피부를 위해 머리에 손을 얹고 기도해 주는 남편이었다.

또 남편은 내게 딱 맞춤 개그맨이다. 남편을 잘 알기 때문에 나만 알고 웃을 수 있는 어떤 코드가 있어서, 나는 매일 한 번 이상은 남편 때문에 웃겨서 '빵!' 터지게 되는데, 이것이 매력점이다.

그리고 가장 미안하게도, 요리하는 것을 싫어하고 소질도 없는 나를 이해해 주고, 음식 투정을 한 적이 없다. 어느 날 남편이 음식이 너무 달다는 말을 한 적이 있었는데,

"그래서 우리 집이 스위트 홈이잖아."

내가 이렇게 말했더니 웃어넘겨 주고, 그다음부터는 너무 달다는 말 대신,

"오늘도 스위트 홈이네!"

웃으면서 말해 주었다. 나는 그런 남편에 대해 이보다 더 나를 편하게 해 주는 남편이 세상에 있을까 생각했다. 뭐, 요리를 대신 해주는 남편이라면 더 좋았겠지만, 나도 남편에게 큰돈을 벌어다 줄 수 있는 능력 있는 여자가 아니다. 언제나 비교의 시작은 비극의 시작이 된다는 것을 잘 안다.

남편과 내가 자라온 환경 때문에 서로 연약한 부분은 예수 그리스도 안에서 조금씩 변화되어 가고 있으며, 우리 부부는 날마다 새로워지고 있기에 기쁘고 행복하다.

하나님은 나를 사랑하신다. 그러나 하나님은 남편을 더 특별하게 사랑하신다. 남편을 위해 기도할 때마다 하나님은 나

보다 남편을 더 사랑하신다는 것을 느낀다. 처음엔 질투가 날 뻔도 했지만, 하나님은 나도 정말 사랑하신다. 그러나 질서의 하나님은 남편을 통해서 나를 축복해 주시길 원하시는 것 같다. 남편이 나의 머리임을 항상 상기시켜 주신다. 이 또한 강력하게 훈련시켜 주셨다.

나예신은, 하나님이 특별하게 사랑하시는 나의 남편을 '돕는 배필'로 지어졌음을 알려주신다. 나는 그것이 만족스럽고 감사하다.

뜻밖의 하나님의 뜻

남편은 6년 만에 신학교를 졸업하자마자, 곧 목사 안수를 받게 되었다.

그리고 기다렸다는 듯이 D교회의 부목사로 부임하게 되었다. 우리에겐 너무 큰 감사이기도 했지만, 한편으로는 충격이기도 했다. 마음의 준비를 할 시간도 없이 물 흐르듯이, 그것도 급물살을 타고 모든 일이 몇 개월 만에 이루어졌기 때문이다.

남편은 기독교방송국에서 일본의 모든 지역을 다니며 선

교사역을 할 때나, 목사로 교회를 섬길 때나 바쁘기는 마찬가지였다.

나이가 다 들어서, 목사로서 첫발을 내디딘 남편은 마치 삐약이 회사원과 같았다. 기쁨과 감사함은 별개로 하루하루가 전쟁처럼 보였다. 남편은 차 대신 자전거로 출퇴근해야 했기 때문에 추운 겨울과 비가 오는 날이면 고생이 이만저만이 아니었다. 게다가 이제는 나도 방송국 편집 아르바이트를 그만두어야 했기 때문에 재정은 더 어려워졌다. 고3, 고1로 고등학생이 둘이 있게 된 우리 부부는, 하늘에서 내려주시는 만나를 쳐다보며 사는 삶이 다시 시작되었다.

그러나 영적인 축복은 이전과는 확연하게 구별되며 완전히 달라졌다. 처음부터 목회자 가정에서 자라난 분들은 항상 그런 기운 속에 있었기 때문에 잘 느끼지 못할지도 모르나, 나는 다르다는 것을 확실하게 알았다. 우리 가정 안에 하나님께서 더 특별하게 임재하심을 영적인 기운으로 느꼈다. 마치 거룩한 보호하심의 장막이 투명하고 은은하게 드리워진 것 같았다.

우리 부부를 향해서 목회자 가정으로서의 인도하심이 태초부터 예정되었을까를 생각하면, 감사함으로 떨렸다. 우리가 걸어온 모든 발자취가 다른 눈으로 보였다.

남편은 본인의 자리에서 항상 최선을 다하는 사람이며 몸이 부서지라고 일만 하는 타입이다. 돌아보면, 길이 없는 곳에 새길을 내는 작업에 쓰임 받는 일을 했다. 남편은 서로의 다름으로 인해서 트러블이 있는 곳에, 중간에서 쿠션 역할을 하는 은사가 있으며, 특별히 남편은 일본 교회와 한국 교회를, 여러 방면으로 연결하는 다리로 쓰임 받았다고 생각한다.

그런 경험들이 버려진 듯, 또는 필요한 듯 어우러져서, 하나님 앞에 연약함과 부족함을 고백하면서 목사로서의 삶을 묵묵히 지켜내고 있다.

실수가 없으신 하나님

우리 부부에게 아픈 손가락인 다윗은 자나 깨나 앉으나 서나 가슴 저리는 아픔이며 걱정이었다. 단지 나를 위한 염려가 아니었다. 다윗이 부족하면 부족한 대로 우리 부부는 괜찮았다. 곧 사망할 것이라고 했던 아들이 기적처럼 살아났고, 걸을 수 없을 거라고 했던 아들이 뛰고 있으며, 가족도, 예수님도 인식하지 못할까 봐 염려했던 아들이 말하고, 예배를 드리고, 학교에 다닐 수 있다는 것만으로도 우리는 충분히 감사했다. 그러나 다윗의 인생을 생각하면 안쓰러워서 견딜 수가 없었다.

다윗은 중학교에 가서, 수학을 제외하곤 수업을 제대로 따라가지 못했다. 잘 해보려고 해도 안된다는 것을 느꼈다. 그래서 전문 병원에서 검사를 받았지만, 어떤 도움도 얻지 못했고, 학원을 추천해 주셨지만, 학원에 다니는 것은 오히려 다윗의 체력만 고갈시키는 일이 되었을 뿐이었다. 다윗은 뭐든 하려고 했지만, 집에 오면 체력이 약해서 쓰러졌다. 우리 부부는 다윗의 고등학교를 특수학교에 보내야 하는지 일반 학교에 보내야 하는지 많이 고민했다. 아들이 먹는 것을 보고 있어도, 자는 것을 보고 있어도, 가방을 메고 학교에 가는 뒷모습을 보고 있어도, 어미 된 내게는 눈물과 한숨이 범벅이 되었다. 다윗을 생각하면 가슴이 먹먹해져서 하나님의 이름만 불렀다.

그러나 공부와 체력을 제외한 다윗은 학교생활을 비교적 잘해 나갔다. 세상을 뒤흔드는 한류가 우리 아들에게까지 플러스가 될 줄은 몰랐다. 다윗은 남녀 공학인 중학교에서 유일한 한국 학생이었고, 착하고 조용하고 배려하는 성격이 제법 인기를 끌게 했던 것 같다. 학교가 끝나면 친구들과 함께 몰려와서 집 앞이 한참 시끌벅적했다. 우리 집 주차장이 아이들의 아지트가 되었고, 다윗은 늘 혼자가 아니었다. 이것은 '하나님의 은혜'였다. 얼마나 하나님께 감사한 일인지 모른다.

그리고 '더 놀라운 하나님의 은혜'에 우리 부부는 감격했다. 우리는 아들에 대해 걱정하고 근심했지만, 하나님은 다윗을 향한 계획을 다 세워두고 계셨다.

중학교 3년 내내, 다윗의 고등학교 진학이 우리 부부의 최대 고민이었다는 사실이 무색하게도, 다윗은 좋은 사립고등학교에 합격했다. 그 학교는 스포츠 선수나 연예인들이 많이 들어가는 학교로서, 입시 시험을 보지 않고도, 내신 점수로도 원서를 낼 수 있었다. 다윗은 그 학교에 딱! 합격할 만큼의 내신 점수를, 중3 마지막 학기에 받게 되었다. 하나님이 받게 해 주셨음을 우리 가족은 안다.

그 학교는 우리 집에서 자전거를 타고 등하교할 수 있는 가까운 거리에 있었는데, 체력이 없는 다윗이 버스나 전철을 타지 않아도 되는 곳으로 하나님이 예비해 두신 것이다. 우리는 그 학교의 존재 여부도 모르고, 아무것도 모른 채 단지 도쿄에, 나카노구로 이사 와서 머물게 되었지만, 하나님은 다윗과 큰딸의 고등학교까지도 다 근처에 예비해 두셨다는 것을 생각하면 그 섬세하심이 놀랍고 감사했다.

하나님께서 하신 더 말도 안 되는 일은 학교에 들어가서부
터였다. 다윗은 고등학생이 되고서부터는 신통방통하게도 공
부를 했다. 특기생에게 맞춰졌기 때문에 일반 학교보다 교과
서 내용이 크게 어렵지 않았다. 아들에게 딱 맞는 학교였다.
다윗은 시험 준비를 했고, 받아온 점수가 내 눈을 의심하게
했다. 나는 살면서 우리 아들이 그런 점수를 받아오는 날이 있
을 것이라고는 상상해 본 적이 없었다. 웬일인지 다윗은 반에
서 석차 1등을 해오기 시작했다. 내 기억으로는 고등학교 3년
동안, 3등 밖으로는 내려오지 않았다. 다윗은 성실하고 착하
고 바른 아이이다. 담임 선생님은 다윗을 많이 좋아해 주셨고,
다윗에게 이렇게 말씀하셨다고 한다.

"선생님은 모든 학생이 다윗만 같았으면 정말 좋겠다!"

하나님은 3년 동안 다윗이 스스로 공부해서 떳떳하게 아주
높은 점수로 채워진 성적표를 받을 수 있게 해주시고, 당당하
게 한국에 있는 대학교에 합격하게 해주셨다. 그래서 큰딸과
아들은 한국에 있는 대학교에 갈 수 있게 되었다.

큰딸은 대학교에 합격한 후, 코로나로 인해서 휴학을 먼저
할 수 있도록 학교에서 크게 배려해 주었다. 이 또한 하나님의
손길이었다고 생각한다. 하나님은 큰딸을 일본에 더 머물게

해 주심으로, 다윗의 고등학교 과정을 옆에서 도울 수 있게 해 주시고, 일본어가 안되는 내가 아들의 대학 준비를 위해 필요한 서류를 마련하는 모든 것을 돕도록 해주셨다. 큰딸을 휴학시키면서까지 일본에 머물게 하심도, 큰딸이 아니었으면, 아들을 위한 모든 준비가 나 혼자로는 무리라는 것을 하나님은 아셨기 때문이라고 생각한다.

다윗을 향한 하나님의 전폭적인 지원을 보면서, 다윗을 키우면서 했던 나의 많은 고민과 걱정과 염려가 부끄러워졌다.

'이럴 줄 알았으면, 그렇게 불안으로 시간을 낭비하지 말걸. 아들을 좀 더 편안한 눈으로 보면서 더 믿고 기다리며 사랑해 줄 걸.'

내 믿음이 부족하고, 내 인격이 어설퍼서 아이만 잡았다는 생각에 후회되고, 다윗에게 미안하고, 하나님께 너무 죄송했다. 다윗을 향한 내 기도는

'하나님, 제발요, 우리 아들 좀 도와주세요. 불쌍하게 여겨주세요.'

이런 구하는 기도에 에너지를 쏟았었지, 하나님께서 아들을 이미 잘 되게 해 주셨다는 단단한 믿음을 갖지 못하고 기도했었다. 그렇기 때문에, 기도는 기도대로 쌓으면서, 불안은 불안대로 쌓는 시간을 보냈다는 것을 알았다. 그러나 이런 염

려하며 구하는 믿음 없는 기도에도 불구하고, 상상할 수도 없
는 방법으로 하나님은 은혜를 베풀어주셨다.

하나님은 역시 재정에 대해서도 놀랍게 인도해 주셨다. 아
이를 둘이나 사립학교에 보내놓고, 여호와 이레의 하나님 아
버지만 바라보게 되었다. 과연 하나님이 우리 아이들을 어떻
게 가르치실지가 너무 궁금했다. 내 성격을 너무나 잘 아시는
하나님은, 하나님의 딸이 재정이 부족한 상태에서 등록금 고
지서를 받으면 얼마나 안절부절못하는지 알고 계셨나 보다. 3
년 동안, 일 년에 네 번씩 내는 등록금을 한 번도 어긋나지 않
고, 여러 가지 방법으로 미리 채워주시고 나서, 고지서를 받게
하심으로, 단 한 번도 부족함이 없게 해주셨다. 우연일 수가
없었다.

우연이라고 믿는 사람에게는 모든 것이 우연한 일이 된다.
그러나 우연을 하나님의 인도하심이라고 알고 믿으면, 하나님
이 살아계심을 체험하며 사는 놀라운 삶이 된다.

자녀들의 학교를 찾아서 보내주신 하나님은, 그 학교에 보
낼 수 있는 재정도 채워주신다는 것을 배우게 되었다.

말씀은 예수님이시다

하나님은 하나님이 운영하시는 학교의 교장선생님이시자, 최고의 스승이신데, 내 삶이 변화되길 간절히 원하는 기도를 드릴 때부터 내게 가르치시는 특별 과목이 있었다.

그것은 '말과 생각'에 관한 것이다.

스무 살이 갓 지났을 때, 서점에서 발견한 '말'이라고 하는 제목을 가진, 소책자를 구입한 적이 있었다. 몇 번을 읽었고, 말이 중요하다는 것을 너무나 잘 알게 되었다. 그러나 아는 것과 내 행동은 별개였다. 그 후로도 끊임없이 하나님은 책으로나 설교 말씀으로나 어떤 통로로든지 말의 중요성을 계속 말씀해 주고 계셨지만, 나는 들을 때뿐이었다.

그러나 내 삶을 돌아보았을 때, 하나님은 항상 '말'에 대해서 진지하게 가르치고 계셨다. 생각해 보면 누구보다 말의 능력을 경험하며 살고 있었다. 기침만 하면 응급처치를 해야 하고, 응급실에 가게 될지도 모르는 다윗을 향해서,

"다윗, 앞으로 너는 아파서 병원에 갈 일은 없을 거야."

이렇게 선포했던 믿음의 말이 다윗에게 능력이 되어서, 다윗은 어느 순간부터 아파서 병원에 갈 일이 거의 생기지 않았

다. 오히려 건강한 큰딸이 병원에 갈 일이 더 많았다. 이것은 내 삶에 일어난 놀라운 것 중에 한 예에 불과하다. 나는 다른 일에는 부정적인 말을 더 많이 하는 편이었으나, 예외적으로 아이들이 다쳤거나 아플 때는, 이렇게 선포했다.

"예수 그리스도의 이름으로 명하노니 깨끗하게 나을지어다!"

그리고 내게 말했다.

"상처가 흔적도 없이 다 나아서 여기를 다쳤었다는 것조차도 기억하지 못하게 될 거야!"

그런 치유의 선포들은 말의 놀라운 능력을 체험하게 했고, 다친 상처도 깨끗해져서 노트에 기록해 놓은 것이 아니면, 영영 잊어버리고 살 만큼 흔적도 없이 사라졌다.

살리는 것은 영이니 육은 무익하니라
내가 너희에게 이른 말은 영이요 생명이라 (요 6:63)

'말'은 곧 '영'이요 '생명'이다.

나는 예수님이 하나님의 아들이심을 진짜 믿게 된 후 얼마 지나지 않아서, '말이 영'이라는 그 말이 더욱 실감 나게 다가왔다. 하나님도, 천사도, 마귀도 영이며, 인간은 하나님의 피조물 중에 유일하게 영과 혼과 몸을 가진 존재이다. 그래서 사람이 죽으면 몸은 썩어서 흙으로 돌아가지만, 영과 혼은 영원히 존재하는 것이다. 그리고 우리가 한 '말'도 영이기 때문에, 내가 한 말이 사라져서 그냥 없어지는 것이 아니다.

> [1]태초에 하나님이 천지를 창조하시니라
> [2]땅이 혼돈하고 공허하며 흑암이 깊음 위에 있고
> 하나님의 영은 수면 위에 운행하시니라
> [3]하나님이 이르시되 빛이 있으라 하시니 빛이 있었고
>
> (창 1:1-3)

하나님이 빛이 있으라 말씀하시니 그 능력의 말씀이 빛을 만들었다. 빛뿐만 아니라, 해와 달과 별, 바다와 육지, 모든 만물이 말씀으로 창조된 것이다. 이것은 정말 생각할수록 기가 막히게 놀랍다. 말씀이 바로 능력이다.

천지창조가 있을 때, 하나님도 출연하시고, 하나님의 영도 출연하셨지만, 예수님은 출연자로 이름이 없는데, 하나님이 '빛이 있으라' 하신 그 말씀이 곧 예수님이셨다는 것이다. 창세기에서 말씀으로 등장하신 예수님을, 요한 복음서에서 '그 말씀이 바로 예수님'이시라고 밝히고 계시니, 하나님은 글쓰기의 최고 신이시다.

¹태초에 말씀이 계시니라 이 말씀이 하나님과 함께 계셨으니 이 말씀은 곧 하나님이시니라
²그가 태초에 하나님과 함께 계셨고
³만물이 그로 말미암아 지은 바 되었으니 지은 것이 하나도 그가 없이는 된 것이 없느니라

(요 1:1-3)

¹⁴말씀이 육신이 되어 우리 가운데 거하시매 우리가 그의 영광을 보니 아버지의 독생자의 영광이요 은혜와 진리가 충만하더라 (요 1:14)

말씀이 육신이 되어 오신 분이 바로 예수님이시다. 성경 말씀은 살아계신 하나님의 말씀이며, 곧 예수님이시다. 예수님은 하나님의 본체시고, 예수님이신 말씀이 능력이 되어 성령 하나님과 만물을 창조하셨다.

'정'이라는 것이 무엇인지 설명하기 어렵지만 한국 사람이라면 정이 무엇인지를 알듯이, 삼위일체이신 하나님을 다 이해할 수 없지만, 우리는 삼위일체이신 하나님에 대해서 믿음 안에서 느낄 수 있다. 그래서 곧 이 세상은, 하나님이시며 말씀이신 예수님이 창조하셨다. 그리고 또 이 세상의 모든 사람을 만드신 분이 바로 예수님이시다.

스스로 속이지 말라

하나님이 자기 형상 곧 하나님의 형상대로
사람을 창조하시되 남자와 여자를 창조하시고 (창 1:27)

사람은 하나님의 형상대로 창조된 영적인 존재이기 때문
에, 하나님을 믿는 자든, 믿지 않는 자던 사람이 하는 말에는
엄청난 능력이 있다. 말이 우리 입술을 통해서 나오는 순간,
말 자체에 능력이 있어서 그 말이 말대로 이루어 내는 것이다.

태초에 우리는 원래 하나님의 말씀대로 말하도록 만들어
졌다. 그러나 사탄이 뱀에게 들어가 아담과 하와를 속임으로
써, 우리의 첫 조상 아담과 하와는 하나님의 말씀에 불순종하
고 선악과를 먹게 되었다. 그 결과 사람에게 주어진 이 세상의
통치권을 아담에게서 마귀가 빼앗아 간 것이다. 우리가 입술
을 열어서 하나님의 말씀대로 말하면, 이 세상에 하나님의 말
씀대로 창조 역사가 일어날 것인데, 세상의 통치권이 마귀에
게 넘어감으로써 우리는 이 세상 통치자가 넣어주는 생각대로
말하게 된 것이다.

그래서 우리가 말할 때마다 마귀가 좋아하는 세상을 이루

어가고 있다.

나 또한 그 연장선상에서 살아왔기 때문에 삶이 그토록 힘들었던 것이다. 나는 가족으로부터 생명의 말씀인 하나님의 말씀을 들을 수가 없었다. 세상을 통치하는 세상의 영으로 가득 찬 아빠와 오빠는 내게 세상의 말을 쏟아부었다. 나는 그 말 그대로 된 것이다. 그 욕대로 내 존재가 믿어졌고, 그 더러운 말대로 삶이 저주받은 사람처럼 여겨진 것이다. 그 말이 진짜인 것처럼 먹고 받아들였고, 진짜라고 믿었고 그렇게 살았다.

나는 절망 속에서 때때로 하나님을 원망했다. 이런 삶을 살게 할 거면 왜 태어나게 했냐고 말했다.

나는 수없이 죽을 연구만 하면서 살았다. 수도 없이 죽고 싶다고 말했다. 그 말의 결과대로 나는 살아도 죽어있는 인생을 산 것이다.

나는 수도 없이 아프다고 말했다. 그 말대로 나는 매일 아팠다. 아프지 않은 날이 없었다. 자살 시도로부터 목숨은 건졌지만, 나는 살 소망이 없었다. 20대 때는 생일날마다 유언장을 썼다.

나는 꿈에도 알지 못했다. 내가 내뱉은 말대로 이루어진 열매를 내가 먹고 살고 있다는 사실을. 내 현실이 그렇기 때문에, 그런 말을 하는 것뿐인데, 내가 한 말대로 모든 것이 이루어지고 있다는 원리를 전혀 알지 못했다.

그들에게 이르기를 여호와의 말씀에 내 삶을 두고 맹세하노라 너희 말이 내 귀에 들린 대로 내가 너희에게 행하리니 (민 14:28)

이 말씀을 보았을 때 너무 무서웠다. 하나님께서 맹세까지 하신다고 해서 더 무서웠다. [우리말 성경]에서 보면, '내가 살아 있는 한, 내가 너희에게 들은 그대로 너희에게 해 줄 것이다.'라고, 더 현실적으로 씌어있다.

나는 말에 대한 하나님의 충고를 이젠 놓치지 않기로 결심했다.

36내가 너희에게 이르노니 사람이 무슨 무익한 말을 하든지 (함부로 지껄인 모든 말) 심판 날에 이에 대하여 심문을 받으리니
37네 말로 의롭다 함을 받고 네 말로 정죄함을 받으리라
(마 12:36-37)

더 이상 지체할 수 없었다. 하나님께서 전부터 말씀하셨지만, 본격적으로 내게 가르치고 계심을 이제는 분명히 깨달았

다. 언젠가부터 듣고 보는 모든 것이 말의 중요성에 대해 초점이 맞춰지고 있었다. 사람은 결국에는 자신이 한 말의 열매를 먹고 살게 되는 것이기 때문이다.

"하나님, 제게 왜 이런 인생을 주셨어요? 저한테 도대체 왜 이러세요?"

더 이상 그런 질문을 할 수가 없었다.

스스로 속이지 말라
하나님은 업신여김을 받지 아니하시나니
사람이 무엇으로 심든지 그대로 거두리라 (갈 6:7)

그랬다. 내가 심은 대로 나는 거두고 있는 것뿐이었다. 원 가족을 원망할 것도 없었다. 부모님도, 오빠도 배운 적이 없었기 때문이다. 모르고 한 일이기 때문이다. 나는 한동안 작정하고 기도했다. 나의 부모님과 특히 아빠와 오빠에게 받은 모든 더러운 말들에 대해 예수 그리스도의 이름과 예수님의 보혈로 덮고 소멸시키는 기도를 했다. 그 모든 부정적인 말과 저주의 말들이 다 태워져서 없어지도록 기도했다.

또 어떤 사람이 했던지, 내게 뿌린 저주의 말이 단 하나도 영향력을 미치지 못하도록 보혈로 덮고 예수님의 이름으로 소멸시키는 기도를 했다. 남편을 위해서도 똑같이 중보기도 했다.

그리고 내가 나에게 했던 모든 나쁜 생각과 나쁜 말들을 보혈로 덮고 소멸시키는 기도를 했다. 더 나아가, 우리 자녀들에게 우리 부부가 뿌려놓은 모든 부정적인 말들도 그렇게 했다. 나쁜 씨가 되는 말들은 모조리 마르고 더 이상 싹이 나지 않도록, 자라서 열매 맺지 않도록 선포했다.

또한 내가 지금은 잊어버렸을지라도, 다른 사람에게 했던 모든 나쁜 말들이 그 사람에게 영향을 주지 않도록 내가 한 모든 말들을 보혈로 덮었다. 상당히 많은 날 동안 '말과 생각'에 대한 것에만 집중하고 힘써서 기도했다. 더 이상 이 기도가 나오지 않는 때까지 했던 것 같다.

이렇게 한동안 기도하고 나니, 말을 함부로 할 수가 없었다. 우리 자녀들과 나는 항상 이 말을 명심했다.

"말하는 대로 된다!"

그러니 말하고 돌아서서 혹시나 하면 바로바로 나 자신이 한 말, 혹은 들은 말에도 예수님의 보혈을 뿌리게 되었다.

내 인생이 쓴 뿌리로 가득해서 엉겅퀴만 냈던 것은 하나님이 하신 것이 아니라, 내가 내 자신에게 뿌려진 말을 붙잡고 가슴에 심었고, 그 말대로 된 것이라고 생각하니 너무 억울한 마음이 올라왔다. 그러나 얼마든지 바꿀 수 있는 지혜도 주셨다. 이제부터는 태초에 하나님께서 사람을 만드실 때, 하나님의 말씀대로 말하라고 만들어 놓으신 그대로, 말하며 살면 되는 것이라는 것을 배웠다.

나는 말에 관한 책을 읽고, 실천해 보기 위해서, 그대로 베껴서 읽기도 하고, 성경 말씀과 선포 문장을 만들어서 선포하기도 했다. 말씀은 능력이 있어서, 단 몇 구절의 말씀이라도 말씀대로 선포하다 보면, 선포하고 있는 공간의 공기까지 달라지며, 신비할 정도로 가슴 속이 깨끗해지고 맑아지면서, 기쁨과 소망의 에너지가 올라오고, 말씀으로부터 엄청난 힘을 얻었다. 또, 뱃속 깊은 곳에서부터 생수의 강이 올라오는 것을 느꼈다.

그것은 말씀이 곧 예수님이시기 때문이며 우리는 애초에 하나님의 말씀을 말하며 살도록 지어진 존재이기 때문이다.

하나님의 말씀은 살아 있고 활력이 있어
좌우에 날선 어떤 검보다도 예리하여
혼과 영과 및 관절과 골수를 찔러 쪼개기까지 하며
또 마음의 생각과 뜻을 판단하나니 (히 4:12)

그가 내 안에 1

주님 주신 졸업장
고비 넘으면 또 고비
'내 생각'을 십자가에 못박고
생각하는 대로 보인다
드디어 찾았다, 나의 하나님!

주님 주신 졸업장

우리가 일본에서 살게 된 지 15년 차에 들어가던 해는, 다윗이 고3이 시작되는 해였고, 남편이 부목사로 일한 지 3년 차가 되는 해였다.

그 해, 1월 초 어느 날, 나는 꿈을 꾸었다. 섬기고 있는 D 교회의 단 위에서 가족이 서서 마지막 인사를 드리는 꿈이었다. 또, 1월 말경에는 남편이 꿈을 꾸었는데, '한국으로 와도 좋고'라는 문자메시지를 받은 신기한 꿈이었다. 그리고 그날로 하루나 이틀 후에 교회 권사님으로부터 남편에게 전화가 왔는데, 갑자기 우리 부부에게 어딘가로 가느냐고 물어보셨다. 권사님이 꿈을 꾸셨는데, 우리 부부가 떠나게 되었다면서 마지막 인사를 하기 위해 찾아 왔다고 하였다.

우린 이 세 가지 꿈이, 우리 가족이 한국으로 들어가는 메시지를 담은 하나님의 사인인가 생각하며 의아해했지만, 바쁜 일상에서 금세 까맣게 잊고 살게 되었다.

6월에 어느 날, 기도를 하던 중 기도 끝마무리를 하던 차에, 찬양 한 줄이 입에서 계속 반복되며 흘러나왔다. 시편 46편 10절 말씀인 "너희는 가만히 있어 내가 하나님 됨을 알지

어다…"라는 내용이 담긴 찬양이었다.

이런 찬양이 계속 쉼 없이 불려서 이상하다고 생각했다. 아니나 다를까, 잠시 후에 남편에게 연락이 왔다. 14년 동안 아무 일 없이 잘도 나왔던 비자가 이번에는 '불허가'가 되었다는 것이다. 조금 전에 기도 중에 흘러나왔던 찬양의 가사가 생각이 나서 놀라지 않고, 하나님께서 개입하신 일이라고 확신하게 되었다.

다시 서류를 잘 준비해서 비자 신청을 했지만, 동일하게 허락되지 않았다. 우린 고3인 아들을 데리고 일본을 갑자기 떠날 수도, 그렇다고 떠나지 않을 수도 없는, 갈 곳을 잃어버린 애매한 상황이 되었다. 그러나 마음은 평안했다. 우리 선에서 무엇인가 할 수 있는 것도 없었고, 하나님이 과연 어떻게 하시는지 지켜보는 수밖에 없었다.

어찌할 바를 모르고 보내던 어느 날, 어느 순간에 연초에 꾼 세 가지 꿈을 기억나게 해주셨고, 기록해 놓은 것을 찾아서 확인해 보았다. 이 모든 일이 하나님이 정하신 일임을 미리 알려주시기 위해서 연초에 꿈으로 보여주신 것임이 틀림없었다.

전능하신 하나님은 모든 것을 준비해 주셨다. 그 1년이 마무리되는 동안, 다윗은 한국에 있는 대학교에 물 흐르듯이 수

월하게 합격했다. 또, 감사하게도 남편에게 한국에 있는 본교 회로 들어올 수 있는 길을 열어주셨다. 물리적으로는 불가능한 일이었다. 모든 것이 하나님의 은혜로만 이루어진 것이었다.

그래서 우리 가족은 15년 만에 한국으로 들어오게 되었다. 하나님은 5살, 3살이었던 아이들을 일본에서 자라게 하셨다. 일본인들만 다니는 학교에서 일본 교과서만 공부해 본 아이들이 졸업하지 못한 채 어정쩡한 상태가 아니라, 고등학교까지 마치고 돌아오게 해주셨다. 생각하지 못했던, 한국에 있는 대학교에 합격하게 해주시고, 두 아이의 입학식을 앞두고 가족이 다 같이 한국으로 들어오게 하신 것은 하나님의 완전한 계획하심이라고 생각한다.

그런데도 비자 만료 한 달 남짓을 남겨두고, 시간에 쫓기듯 15년 짐을 정리하고 이사를 준비하는 과정은 너무 힘들었다. 마치 출애굽 할 때, 이집트 군사에게 쫓겨서 홍해를 건너는 것처럼 영적으로나 육적으로 무섭게 시달리며 어려운 상황으로 들어오게 되었지만, 그 모든 것이 모든 순간이 정말 감사했다.

한국에 들어오자마자, 코로나 사정으로 뜻밖에 우리는 며칠 동안 작고 낡았지만, 바다가 보이는 영종도의 한 호텔에서 머물게 되었다. 남편과 내겐 신혼여행 후에 첫 쉼이었다. 한국에서도, 일본에서도 한 번도 가보지 못했던 가족 여행 같은 것을 처음으로 하게 된 것이다. 하나님께서 15년 동안의 모든 훈련을 중간에 포기하지 않고 잘 참았다며 칭찬으로 주시는 졸업 선물처럼 느껴졌다. 일본에서 마련하신 하나님의 훈련학교를 잘 마쳤으니 자랑스럽다고 말씀해 주시는 것만 같아서 기뻤다.

더군다나 20대 후반에, 아빠의 주사로부터 도망쳐서 결혼할 연인과 상경해 처음으로 갔던 그 교회, 엄마의 가게 주방에서 쪼그리고 앉아서 소주잔을 들고 불렀던 찬양을 송영으로 불러서 감동하여 울게 했던 그 교회에, 하나님은 나의 남편이 목사가 되어 다시 돌아오게 하셨다.

그토록 돌아오고 싶었던, 사무치게 그리웠던 모국에서 15년 만에 살아보게 되었으니, 눈을 떠도 감아도 꿈만 같았다. 한국이 너무 좋아서, 한국의 해도 달도 땅, 바다, 바람, 나무, 꽃, 아스팔트, 건물, 길, 온돌방, 한국 과자, 한국 사람, 한국 교회가 너무 좋아서 단숨에 애국자가 되었다.

더 이상 누가 옆에 다가와서 말을 걸어도 도망가지 않아도 되는, 바보처럼 숨지 않고 모국어로 대화해도 되는 이런 축복을 허락해 주심에 감사했다. 15년 만에 받은 졸업장에 감사하고 또 감사했다.

고비 넘으면 또 고비

한국에 집을 구할 새도 없이 귀국했기 때문에, 살 집이 없었던 우리 가족은 교회에서 배려해 준 숙소에서 머물면서 집을 구하러 다녔다. 오랜만에 걸어보는 2월의 서울은 너무나도 추웠는데, 얼마 되지 않는 돈을 가지고 다섯 식구가 들어갈 수 있는 집을 찾아다니자니, 마음과 몸이 더 꽁꽁 얼어붙었다.

큰딸과 다윗의 대학교가 지방에 있었는데, 집이 없어서 이삿짐을 받아서 풀어보지도 못하고, 있는 옷만 챙겨서 아이들을 대학교 기숙사로 보내게 되었다. 아직 한국이 어색한 아이들이, 낯설기만 한 대학교에 떨어져 가게 되니, 아이들도 우리 부부도 마음이 좋을 리가 없었다. 남편은 남편대로 16년 만에 돌아온 한국에서, 다시 새롭게 시작해야 하는 삐약이 목사가 또 되었다.

오히려 일본어가 익숙한 아이들이 한국어와 영어를 사용하는 대학교에 들어갔으니, 그야말로 아이들은 멘붕 상태에 빠졌다.

딸은 전화할 때마다 눈물 바람이었다. 자기 한 몸도 어찌해야 할 바를 알지 못하는 상황에서, 동생까지 챙겨야 하는 책임감에 눈물을 쏟았다. 다윗의 상태는 너무 좋지 않았는데, 낯선 환경에 놓이자, 특이한 증상이 생긴 것 같다고 느꼈다. 누나보다 더 한국어에 서툰 아들은 마치 붕괴 직전이었던 것 같다. 아침에 잠을 깨우는 것부터 시작해서 수업 내용이나 숙제에 대한 것까지, 나와 큰딸이 많은 부분을 관리해 주어야 했다. 나는 서울에 있으면서, 지방에 있는 아들과 거의 한 학기를 함께 학교에 다닌 것과 다름이 없었다.

"하나님! 아버지!"

하고 부르면 눈물만 나왔다. 어쩌면 이렇게도 한고비 넘기면 다음 고비가 기다리고 있는지. 한국 생활을 시작하면서, 더 빠듯해진 재정도 문제였지만, 다윗은 다시 새롭게 내게 너무 버겁고 큰 돌이 되어 밤낮으로 머리와 심장을 아프게 짓눌렀다.

당연히 좋은 학점을 받지 못한 채 1학기를 마치고 돌아온 다윗을 보니, 더 마음이 아팠다. 밥 한 그릇을 먹으면 그만이었던 아이가, 맨밥을 산더미처럼 쌓아서 먹었다. 딸에게 물어보니, 다윗은 학교에 있는 내내 엄청난 양의 밥을 받아서 먹었다고 한다. 낯설고 두려운 나머지 마음이 헛헛해서 텅 빈 느낌을, 배가 고픈 걸로 생각하고 밥을 그렇게 많이 받아서 먹은 거라고 생각하니, 마음이 또 찢어지게 아팠다. 얼마나 시달렸는지 기가 죽어서 표정이 어둡고 침울해지고, 어린애처럼 되어있었다.

그래서 어쩔 수 없이 다윗을 위해서 1년 정도 휴학을 시키기로 결정했다.

'내 생각'을 십자가에 못박고

다행스럽게도 아들은 집에 머물면서 다시 예전처럼 돌아오고, 얼굴이 밝아지고 살가워졌다. 안정을 찾아가는 모습이 보였다. 그렇지만, 여전히 체력이 약해서 12시간을 잠을 자도 피곤해했다. 자고 일어나서 겨우 밥을 먹은 것뿐인데도 식사가 끝나면 피곤해했다. 모든 것이 힘들어 보였다. 성경책을 읽든, 학원을 가든, 멍을 때리든, 뭐든 하루에 한 가지 그 이상은 할 수 없었다. 살아있는 것 자체가 힘들어 보였다. 나는 아들을 보며 내가 또다시 시험대 위에 올려진 상태라는 것을 알았다.

'여기까지인가?'

내 눈에는, 더는 좋아질 것이 없어 보이는 날이 많았다.

그러나 주일이 되면, 쓰러지는 일이 있어도 대학부 예배와 순예배에 꼭 참석하는 것을 보면 신기했다. 다윗은 정해진 순서의 틀에서 움직여야 하고, 그것이 어긋나면 도통 받아들이지 못하고 힘들어하다가 차라리 멈춰버렸다. 아무것도 아닌 것도 약간의 변화를 받아들이기까지 시간이 오래 걸리거나, 극복하기 힘들어했다.

어릴 때부터 무슨 일이든지 변수가 있을 수 있다는 것을 잘 이해하지 못하고 받아들이기 어려워했기 때문에, 그 케이스마다 설명해 주어야 하는 것이 내 몫이었다. 이젠 따라다니며 그럴 수도 없으니, 다윗의 앞날을 생각하면 잠이 오지 않는 날이 많았다. 아들이 도대체 무엇을 해서 먹고 살 것인가를 생각하면 막막해졌다.

"대학은 나올 수 있을까? 직장 생활은 할 수 있을까? 결혼은 할 수 있을까? 우리 가족이 없어도 살 수 있을까?"

물론, 나는 자녀들을 위해서 기도하고 있었다. 그렇지만,

믿음을 가진다고 하면서도 한 편으로 밀고 들어오는 이런 생각을 지우기가 어려웠다. 아들을 생각하면 하루에도 몇 번씩 천국과 지옥을 오르락내리락했다. 이것은 나에게 하나님의 훈련학교에서 치러야 하는 무슨 특별고사처럼 느껴지곤 했다.

'하나님, 저는 다윗이 건강하고, 대학교 생활을 잘하게 된다면 기쁠 것 같아요. 아들에 대한 염려만 없다면, 저는 아무것도 문제가 없을 것 같아요. 제발, 다윗을 인도해 주세요.'

나는 내 뜻대로 이런 기도를 드렸고, 두려움은 시도 때도 없이 들어왔다.

말씀을 붙잡고 있으면 숨을 쉴 것 같다가도, 잠을 자다가 갑자기 두려움이 몰려와서 잠이 깨면, 더 이상 잠을 잘 수가 없었다. 심장이 아팠다. 염려와 걱정으로 똘똘 뭉쳐진 두려움이 밀고 들어와서, 하나님의 말씀을 생각해 내야 한다는 사실조차도 삼켜버렸다.

그러나 그 모든 것은 내 생각일 뿐, 하나님은 단 한 번도 나에게 다윗이 문제가 있다고 말씀하신 적이 없었다. 나의 믿음은 '어딘가 장애가 나타날 것'이라는 의사의 말을 더 믿고 있었다. 어딘가 장애가 있는데 그게 뭔지를 찾는 눈으로 다윗을 보아왔다. 그래서 다윗에 대한 모든 것이 문제로만 보였다.

그러다가 어느 순간, '말과 생각'에 대한 원리를 생각하면서, 내가 그동안 보이지 않는 세계 안에서 19년 동안, 내 생각으로 다윗을 그렇게 묶어놓고 있었음을 깨달았다. 이번 '특별고사'에 답을 얻는 순간이었다.

나예신이 낳은 우리 아들 다윗은, '내 평생 내가 짊어지고 가야 하는 내 십자가'가 아니었다. 바로 '아들이 문제가 있다'라고 생각하는 '내 생각'을 십자가에 못 박아야 하는 것이었다.

> ⁶아무것도 염려하지 말고 다만 모든 일에 기도와 간구로
> 너희 구할 것을 감사함으로 하나님께 아뢰라
> ⁷그리하면 모든 지각에 뛰어난 하나님의 평강이
> 그리스도 예수 안에서 너희 마음과 생각을 지키시리라
>
> (빌 4:6-7)

진리 위에, 말씀 위에 서야 한다는 것을 다시 붙잡았다.

"예신아, 네 아들 다윗은 문제가 있구나."

하나님은 한 번도 이렇게 말씀하신 적이 없으셨다. 그건 세상의 영으로부터 훈련받은 내 거짓 자아에서 온 생각이었다. 내 생각을 죽이고 보니, 진리이신 말씀이 내 안에서 떠올랐다.

예수께서 대답하여 이르시되 기록되었으되 사람이 떡으로

만 살 것이 아니요 하나님의 입으로부터 나오는 모든 말씀
으로 살 것이라 하였느니라 하시니 (마 4:4)

사람은 보려고 하는 데로 보인다. 어쩌면 보고 싶은 데로
본다. 사람은 생각하는 대로 보고, 보이는 것을 말하며, 생각
하고 말하는 것은 심어지고, 그대로 열매 되어 나타난다.

긴 영적 전쟁 속에서 나 자신이 다윗을 내 생각 안에서 가
둬놓고 있었음을 알고, 내 생각을 바꾸기로 결심했다.

"그래, 다윗을 키우면서 해왔던 내 생각이 다윗을 이렇게
만든 건지도 몰라."

그동안 어리석은 엄마의 생각과 판단 때문에, 다윗이 더
고생한 것 같아서 미안했다. 나는 아들을 키워오면서 벽에 부
딪혀서 넘어질 때마다 실낱같은 희망으로 붙잡은 말이 있었
다. 다윗이 태어나고 얼마 되지 않았을 때, 예언의 은사가 있
는, 남편과 친분이 있는 한 목사님의 말씀이 있었다.

"얘는 보통 애들보다 늦게 늦게 자라기는 하는데, 다 따라
잡을 거니까 걱정 안 해도 돼."

다윗이 답답해서 내 속을 태울 때마다 마음속에 구겨 놓았
던 이 말을 꺼내서 다시 펴서 되뇌었다.

'그래, 괜찮을 거야. 다 따라잡을 거야. 느릿느릿 자라도

결국은 괜찮아질 거야!'

사람의 입으로 전달된 말씀도 능력이 있어서 무너진 내게 소망의 밧줄이 되었다면, 하물며 완전하신 예수님의 말씀은 어떻겠는가? 나는 성경에서 소망의 말씀을 찾아서 붙잡았다. 그리고 다윗이 학교를 졸업하고, 하나님이 원하시는 곳에 당당하게 서 있는 모습을 그렸다. 나만이 아니라, 다윗도 함께 성경 말씀을 선포함으로 다윗이 세워지길 바랐다.

생각하는 대로 보인다

두려워하지 말라 내가 너와 함께 함이라
놀라지 말라 나는 네 하나님이 됨이라
내가 너를 굳세게 하리라 참으로 너를 도와주리라
참으로 나의 의로운 오른손으로 너를 붙들리라

(사 41:10)

내게 능력 주시는 자 안에서
내가 모든 것을 할 수 있느니라 (빌 4:13)

"다윗! 너에게 능력 주시는 자! 곧 예수 그리스도 안에서 다윗은 모든 것을 할 수 있어!"

매일 여러 번 말해 주고, 다윗에게 부정적인 말 대신 성경 말씀을 선포하게 했다. 말씀대로 말하는 선포는 마음에 소망과 기쁨이 샘솟게 했다.

효과는 서서히 나타났다고 생각한다. 나는 아이들이 일본에서 공부했기 때문에, 만약에 운전면허 시험을 봐야 한다면, 애들은 절대 한국어로는 무리라고 생각했었다. 어느 날, 남편이 다윗에게 운전면허 시험을 봐두는 게 좋겠다고 말했을 때, 내 속에서는 지진이 한 번 일어났다.

'한국어로 사지선다형 문제를 풀어본 적이 한 번도 없는데? 게다가 전문용어를?'

그러나 그건 내 생각일 뿐이다. 지금까지 해왔던 생각의 틀을 바꾸고, 다윗을 운전면허 시험을 보게 했다. 다윗은 채 일주일도 문제집을 보지 않고, 단 한 번에 높은 점수로 필기에 합격했고, 실기 시험도 자신만만하게 합격해서 자격증을 땄다. 나는 하나님의 말씀대로 생각하고 말하는 비밀의 경험을 한 것 같아서 뛸 듯이 기뻤다.

그리고 다윗은 복학했다. 이젠 스스로 일어나며, 나와 누나의 도움 없이 대학 생활을 해나가고 있다. 그리고 기도하고 선포한 대로, 다윗에게 돕는 손길을 보내 주시므로 하나님의 은혜와 호의가 아들을 둘러싸고 있음을 본다.

다른 아이들의 엄마에게는 너무도 당연한 일이, 나 같은 엄마에게는 아주 특별한 기적이다. 모든 사람이 아닌, 내게 허락해 주신 이런 평범한 일상의 기적을 경험하게 하심으로써, 새로운 훈련을 시켜주시는 하나님께 너무도 감사하다.

이 훈련은 '내가 생각하는 대로 보인다'라는 것을 배우게 해주셨다. 또 하나님은 내가 느끼고 생각하는 것은 결코 진리가 아님을 가르쳐 주셨다.

내가 '우리 아들은 아프고, 아무것도 할 수 없는 아들'이라고 보면 딱 그런 사람으로 보였다. 그러나 능력의 예수님이 이 아들을 키우신다는 것을 믿고, 예수님 안에서 무엇이든지 할 수 있다고 보니, 예수님 안에서 능력 있는 자로 살아가는 사람으로 보였다.

어쩌면 하나님의 자녀이니 하나님께서 하나님의 뜻대로 하시라고 맡기고, 나는 옆에서 부정적인 생각과 말만 하지 않아도 아들은 잘 자랄 수 있다는 생각이 들었다. 그리고 다윗이 적어도 어떤 사람만큼은 되어야 한다고 기준을 정해 놓았다면, 그 또한 나의 교만한 생각이기에, 아들을 창조하신 하나님 앞에 다 내려놓아야 한다는 것도 알았다. 그것은 영적인 싸움을 요구하지만 말이다.

사람은 한 번도 본 적이 없고, 생각해 본 적이 없는 그 이상을 꿈꿀 수 없지만, 예수님 안에서는 무엇이든지 가능하다는 말씀을 믿는다.

예수께서 이르시되 할 수 있거든이 무슨 말이냐
믿는 자에게는 능히 하지 못할 일이 없느니라 하시니
(막 9:23)

예수 그리스도 안에서 상상하는 만큼 우리의 미래가 확장될 수 있다는 것을 믿는다. 예수 그리스도 안에서 한계가 없다는 것을 믿는다. 말씀이 그렇게 말씀하시기 때문이다. 그래서 나는 예수 그리스도 안에서, 그 진리 안에서 자유함을 누리게 되었다. "내가 곧 길이요, 진리요, 생명이니"

"진리를 알지니 진리가 너희를 자유롭게 하리라" (요 8:32)

드디어 찾았다, 나의 하나님!

하나님을 믿지 않았을 때나, 하나님께서 살아계심을 알게 되었을 때나, 예수님이 하나님의 아들이심이 믿어지지 않았을 때나, 예수님이 하나님의 아들이시며 바로 하나님의 본체이심을 가슴으로 알게 되었을 때나 나는 갈망했다.

"하나님!"

하고 부르면, 흐르는 눈물의 의미는

"어디 계십니까? 지금 저와 함께하십니까? 저를 사랑하십니까?"

이 모든 질문의 축약이 뿜어내는 갈망이었다.

나는 어쩌면 평생 하나님을 찾아 헤맸다. 그럴수록 나는 날마다 공허했다.

무엇을 더해야 하나님과 친밀해질 수 있지? 성경책을 얼마큼 알아야, 얼마큼 읽어야, 매일 꾸준히 몇 시간, 며칠을 몇 달을 몇 년을 기도하겠다는 약속을 세우고 변함없이 지켜야 하나님과 친밀해질 수 있지?

잘해보려고 하면, 또 무너졌다. 계획을 세우면, 못 지킬 이유가 꼭 생겨서, 가장 높으신 하나님과의 약속도 안 지키는 겁 없고 의지박약인 내가 너무 싫어서 자책했다.

"이러니, 하나님도 너를 만나 줄 수가 없는 거야."

착하게 살려 하면, 꼭 속을 뒤집는 일이 생겨서 예전의 모습으로 돌변해서 화도 냈다.

"너희들은 꼭 엄마가 화를 낼 수밖에 없게 만들잖아!"

때로는 어떤 사람을 만나고 오면, 낮은 자존감으로 인해서 큰 상처가 생겨서, 혼자서는 해결할 수 없는 가슴앓이로 어쩔 줄 몰라 했다. 마음을 둘 곳을 찾지 못하고, 잊어버리려고 TV를 켜거나 쓸데없는 짓을 만들어서 했다. 그러고는 또 여러 가지 이유로 죄책감이 들었다. 죄책감은 하나님 앞에 못 나가게 막았다. 나는 버틸 수 있는 데까지 몇 날이고 몇 주고 버티다가, 하나님을 향한 그리움과 외로움이 사무쳐서 목에까지 차오르면 주님 앞에 기도의 자리로 나가, 앉아서 울곤 했다.

결국, 내 소망은 내 평생에 하나님과 함께 눈을 뜨고, 하나님과 함께 눈을 감는 것이다. 어제보다 오늘 더, 오늘보다 내일 더 많이 하나님과 친밀해지는 것이다. 멀지만 가깝고, 가깝지만 멀게 느껴지는 하나님과 꼬옥 붙어서 살고 싶은 마음이 간절했다. 그것이 나의 소원인 줄 하나님께서 모르실 리가 없었다.

어느 날, 존경하는 사역자님으로부터 들린, 어찌 보면 지나쳐버릴 수 있는 어떤 말씀이, 뜻밖에도 내게 하신 말씀인 듯이 가슴에 훅 파고들어 와서, 깊은 묵상으로 들어가게 된 날이 있었다. 장로님이 이렇게 말씀하셨다.

"내가 원하는 나의 모습이 아니라, 하나님께서 원하시는 나의 모습이 있기 때문에, 하나님의 창조 목적에 따른 나의 모습이 있기 때문에, 그 모습을 만들기 위해서 근육이 찢어지는 고통이 있는 것이 아니겠는가?"

이 말씀을 붙잡고 묵상하는데, 내 삶이 주마등처럼 흘러갔다. 어릴 때부터 지금까지 죽을 만큼 힘든 시간을 보내면서, 죽고 싶을 만큼 힘든 밤을 보내면서, 하나님의 이름을 불렀다. 내게 너무나 벅찬 숙제들, 그 문제들이 너무 커서 내 힘으로는 도저히 해결할 수도 없고, 놓고 도망칠 수도 없었던 그때, 오직 부를 이름은 하나님의 이름밖에 없었다.

다시 돌아와서 지금의 나를 보니, 하나님이 없는 나는 상상할 수도 없는 내가 되어 있었다. 하나님은 나의 전부가 되셨다. 나만 왜 이렇게 힘든 거냐고 이를 악물고 울부짖었던 그 고통스러운 시간을 하나님은 나와 함께 보내고 계셨음을 알았다. 하나님은 결코 나를 혼자 두신 적이 없었다. 이 세상 누구도 하나님처럼 나를 알지 못한다. 또 나와 하나님과의 관계를 누구도 알지 못한다. 내가 하나님을 부르며 몸부림쳤던 그 시간들, 나와 하나님만 아는 그 비밀들, 그 은밀한 대화들은 나와 하나님만 안다. 하나님은 내 고통의 시간 속에서, 나와 관계해 주고 계셨다. 나는 늘 혼자가 아니었다. 내 고통의 시간 마디마디마다 나의 주님이 계신다.

나는 포도나무요 너희는 가지라 그가 내 안에, 내가 그 안에 거하면 사람이 열매를 많이 맺나니 나를 떠나서는 너희가 아무것도 할 수 없음이라 (요 15:5)

포도나무에 달린 가지처럼, 나는 어느새 예수님과 함께였고, 예수님은 나와 함께 계셨다.

예수님의 살과 피가 내 몸에 들어와 한 몸이 되었듯이, 예수님과 나는 떼려야 뗄 수 없게 되었다. 예수님을 영접한 그 순간부터, 마치 서로 하나인 것처럼 내 삶 속에 깊이 계셨음을 알았다. 가장 친밀한 나의 주님이, 나와 함께 계셨음을 알았다.

이런 하나님을 찾고 찾았다니, 내 안에 이미 들어와 계신 예수님을 그렇게 찾았다니, 나는 정말 어리석은 신부였다. 미련하고 둔한 나를 탓하며 울었다. 그러나 그 눈물은 어느새 기쁨으로 변하여 감격의 눈물로 바뀌었다.

나는 드디어 하나님을 찾았다!
하나님은 내 안에 계셨다!

덩실덩실 춤이라도 추고 싶었다. 이것이야말로 내게 진짜 복음이었다!

나는 이제 언제 어디서든 무엇을 하고 있든지 든든해졌다. 눈을 떠도 눈을 감아도 든든하다. 내 안에 예수 그리스도가 계시기 때문이다. 나는 이제 혼자가 아니다. 더 이상 공허하지 않다. 이전의 삶과 확연히 다르다. 이것은 내게 축제다.

뱃속 깊숙한 곳에 예수님이 계심을 안다. 온 우주와 천지에 계시는 예수님이 내 안에도 계신다. 이 기쁨은 누구도 빼앗을 수 없다. 나는 이전에는 경험하지 못한 든든함과 기쁨으로 충만해졌다. 이 기쁨이 너무 좋아서, 세상 모든 사람이 누리기를 간절히 소망한다.

> [38]내가 확신하노니 사망이나 생명이나 천사들이나
> 권세자들이나 현재 일이나 장래 일이나 능력이나
> [39]높음이나 깊음이나 다른 어떤 피조물이라도
> 우리를 우리 주 그리스도 예수 안에 있는
> 하나님의 사랑에서 끊을 수 없으리라 (롬 8:38-39)

그가 내 안에 2

예수님이 내 안에
내 안에 있는 하나님나라
하나님의 시선은 언제나
아빠 아버지

예수님이 내 안에

우주의 주인이시며 만물을 만드신 분이시며 역사를 주관하고 계신 그 하나님이, 창조주이신 그 분이, 피조물인 인간과 같은 육신이 되어 이 땅에 내려오셨다는 것은 믿을 수 없는 어마어마한 일이다.

하나님은 성경을 통해서 인간 세상의 시작을 기록해 놓으셨고, 이 세상의 끝도 기록해 놓으셨다. 하나님은 언제나 먼저 예언을 하시고, 그 예언을 성취하심으로써 "내가 바로 하나님이다!"라고 증명해 주셨다.

성경의 모든 내용은 예수님을 나타내고 있는데, 구약 성경에서 예언하신 것처럼, 직접 이 땅에 오셨다. 하나님이신 분이 인간의 몸으로 이 땅에 오셔서 손수 만드신 피조물들과 함께 사신 것이다.

"예수께서 이르시되 내가 곧 길이요 진리요 생명이니 나로 말미암지 않고는 아버지께로 올 자가 없느니라 (요 14:6)"

예수님은 공생애 3년 동안, 하나님으로서 인간들에게 하고 싶은 말씀을 하셨다. 영이신 하나님이 인간의 몸으로 내려오신 김에 얼마나 진액 같은 말씀만 남기고 싶으셨겠는가? 그 시간은 3년뿐이었다. 나도 엄마로서 아이들과 헤어져야 할 시간이 정해져 있다면, 반드시 해야 할 말만 할 것이다. 특히 생명에 관한 중요한 말을 할 것이다.

어떤 때는 예수님이 '진실로 진실로'를 두 번이나 붙여가시며 말씀하셨다. '진짜 진짜 정신 차리고, 진실이니까 꼭 들어야 한다'라고 말씀하신 것이다. 나도 아이들에게 진짜 잊지 말고 꼭 들어야 한다고 말할 때는 '꼭이야, 진짜!'하고 강조하며 말한다. 예수님도 우리가 혹시라도 가볍게 여기지 않도록 중요하다고 당부하신 것일 것이다.

"자녀들아, 내 말은 진짜니까, 꼭 명심해야 해."

한 자녀도 잃어버리고 싶지 않으신 아버지의 마음이다.

하나님이신 예수님이 인간들에게 성경을 통해서 세상의 처음과 끝을 보여주시며, 이렇게까지 말씀하셨는데도 의심하고 건성으로 듣는 것이 교만이고, 오만이라는 생각이 들었다. 모든 인류는 예수님의 심판대 앞에 설 것이다.

어렸을 때는 '왜 하나님이 눈에 보이지 않는가?'에 대해서 의아했다.

하나님이 없다고 말하면서 조롱하는 이들 앞에 직접 나타나시면 되는데 왜 숨어계시는가?

그뿐만이 아니라, 십자가 위에서는 '네가 만일 하나님의 아들이어든 자기를 구원하고 십자가에서 내려오라(마 27:40)'라고 말하며 비꼬는 자들 앞에서 참으시고, 가장 연약한 모습으로 저주를 받은 자처럼 그렇게 돌아가셨다.

나는 수많은 밤에 죽고 싶은 심정과 싸워가면서 기도했었다. "하나님, 오늘 밤에 한 번만 내 앞에 나타나 주시면, 하나님이 살아계심을 믿을게요. 그렇게 해주시면 저도 살아볼게요."

밤마다 기도했지만, 안 살아계신 분인 것처럼 나타나지 않으셨다. 계신다고 해도 능력이 없는 분처럼 나타나지 않으셨다. 그러나 나중에는 알았다. 내가 너무 영적으로 무지해서 하나님이 오셨어도 소용이 없었다는 것을. 하나님은 영이시기 때문에 내 옆에 앉아 계셨어도 내 육의 눈으로는 볼 수 없었던 것이다.

그리고 다른 것도 알았다. 예수님이 십자가에서 내려오실 수 없었던 이유는 바로 '나' 때문이었다는 사실을.

성경을 읽으면 선지자들이 하나님과 대화하는 장면을 보게 된다. 아담, 아브라함, 모세, 엘리야, 이사야, 다윗, 다니엘

등 많은 예언자와 왕들이 그랬다. 또, 바울 사도나 예수님과 함께 살아간 제자들과 그 외에 많은 사람들이 예수님과 친밀했고, 예수님은 그들을 아신다.

그들 모두를 지으시고 아시는 예수님이신 그 하나님이 동일하게 나를 아신다. 아브라함의 하나님, 이삭의 하나님, 야곱의 하나님이 나를 아신다. 나는 기도할 때 문득 이 사실에 가슴이 떨린다. 그 성경의 주인공이시자, 저자이신 예수님이 내가 기도할 때마다 나를 대면하고 계신다는 것이다. 나는 진지해질 수밖에 없게 됐다. 창조자이시며 역사의 주관자이신 하나님 앞에서 그 하나님을 찬양하는 것은 얼마나 큰 영광인지 형언할 수 없게 되었다. 그런데 가장 놀라운 것은 그 위대하신 예수님이 나도 만드셨다는 것이다.

예수님은 부활하신 후, 부활 후에 인간이 어떤 몸을 입게 될지 잠깐 보여주셨다고 생각한다. 제자들과 함께 먹고 마시고 걷기도 하셨지만, 벽에 제한받지 않고, 공간을 넘나드셨다. 순간적으로 나타나기도 하시고, 한순간에 사라지기도 하셨다. 제자 도마가 예수님이 없는 곳에서 이야기했는데, 도마의 말을 다 듣고 알고 계셨다. 예수님은 시간과 공간에 제한을 받지 않으신다.

나는 오래전에 이런 생각을 했었다. 예수님이 십자가에서 죽으시며 흘리신 그 피가 사람들의 죄를 용서한다고 하는데, 한 사람이 흘린 피가 흘러봐야 몇 리터나 된다고 온 인류의 죄를 덮을 수 있을까? 이미 2천 년 전에 있었던 일이고 말라버린 그 피가 무슨 능력이 있을까? 어리석은 생각이었지만, 그때는 내 한계였다.

그런데 어느 날, 기도 중에 십자가 위에 계신 예수님을 보게 되었다. 시간과 공간에 제한을 받지 않으시는 예수님은 십자가 위에 못 박혀 계시면서, '내 죄로 인해서 죽을 수밖에 없는 나'를 보고 계셨다. 나는 그 예수님을 바라보며 울면서 말했다.

"하나님, 저는 저의 죄의 대가를 감당할 수 없어요."

예수님은 그 십자가 위에서 못에 박히신 채로, 2천 년 후에 태어나서, 방에서 혼자 앉아 울면서 기도하고 있는 나, 나예신을 보고 계셨다.

나는 예수님이 내 죄의 대가를 대신 치르고 있는 것을 보면서도, 그러지 말고, 그만 내려오시라고 말씀드릴 수 없었다.

예수님이 저주와 같은 나무에 달리시고, 그 십자가 위에서 조롱을 받으면서도, 그 고통을 전부 참으신 이유는, 바로 '나'를 살리기 위한 것이었음을 알았다. 예수님의 피는 마르지 않았다. 오늘도 지금도 우리를 위해 뜨거운 피를 흘리고 계신다.

나를 위해 죽으신 예수님 앞에 펑펑 울었다. 미안함과 감사함에 몸부림치며 울었다. 주님은 나를 죄에서 자유롭게 해 주셨다.

인간의 죄는 피로만 씻을 수 있다. 소나 양과 같은 동물의 피가 아닌 하나님의 피만이 온 인류의 죄를 씻을 수 있음을 하나님은 알고 계셨다.

예수님은 하나님의 아들로 이 땅에 오셨다. 또한 예수님은 하나님의 본체이시다. 하나님은 피를 흘리기 위해서 인간의 몸으로 오셔서 하나님의 피를 흘리셨다. 보혈은 창조주 하나님의 피이다. 그러므로 이 피는 온 인류의 모든 죄를 다 덮을 수 있는 피인 것이다. 그래서 이 피는 마귀와 모든 악한 영들이 근접도 못 하고 벌벌 떨며 떠나갈 수밖에 없는 능력의 보혈이다.

나를 위해서 십자가에서 죽으시고 부활하신 예수님을 나의 구주, 나의 주인으로 모시겠다고 영접 기도를 하는 순간, 예수님은 내 안에 오셨다. 나는 이것이 얼마나 엄청난 일인지 모르고 살았다. 성경에 예언된 그대로 예수님이신 하나님, 하나님이신 예수님이 이 땅에 오셔서 죽으시고 부활하심으로 약속하신 성령님을 보내주셔서, 이제는 성령 하나님으로 내 안에 들어와 계신다. 시간과 공간을 초월하신 예수님, 하나님의 영이신 성령 하나님이 내 안에 함께 계신다는 것을 건성으로 믿었을 뿐 진심으로 믿지 못하고 살았다.

하나님이 내 안에 들어와 계신다는 그 사실을 믿음으로 인정했을 때, 그것이 진짜임을 알았을 때, 그때 하나님의 생명과 하나님의 사랑이 느껴지며, 예수님의 능력이 나타나는 삶이 시작된다는 것을 알았다.

나는 이제 예수님의 이름의 능력을, 예수님의 보혈의 능력을, 예수님의 말씀의 능력을 경험하며 사는 삶을 바라볼 수 있게 되었다. 이젠 더 이상 막막하지도 막연하지도 않다. 앞으로 어떻게 살아야 하는지를 알게 되어서 기쁘다. 하나님의 자녀로서의 특권을 누리는 경험을 매일 하며 사는 것이 그리스도인의 삶이다.

내 생각과 감정, 내 말을 십자가에 못 박는 만큼, 다시 말해서 내가 죽고, 하나님의 말씀대로 믿고 말하는 만큼 그리스도가 나를 통해 나타나신다.

내가 그리스도와 함께 십자가에 못 박혔나니 그런즉 이제
는 내가 사는 것이 아니요 오직 내 안에 그리스도께서 사
시는 것이라 이제 내가 육체 가운데 사는 것은 나를 사랑
하사 나를 위하여 자기 자신을 버리신 하나님의 아들을 믿
는 믿음 안에서 사는 것이라 (갈 2:20)

[19]너희 몸은 너희가 하나님께로부터 받은 바 너희 가운데
   계신 성령의 전인 줄을 알지 못하느냐 너희는 너희 자신
   의 것이 아니라
[20]값으로 산 것이 되었으니 그런즉 너희 몸으로 하나님께
   영광을 돌리라 (고전 6:19-20)

내 안에 있는 하나님나라

나는 예수님의 피의 값으로 산 하나님의 자녀이다.

예수님은 나를 위해 대신 죽으시고 부활하심으로 나를 의
롭게 해주셨다. 예수님은 내가 예수님 안에 거하고, 예수님이
내 안에 거한다고 하셨다. 내 안에 있는 예수님으로 말미암아,
나는 존귀한 자이며 왕 같은 제사장이 되었다.

그러나 마귀는 내가 이 사실을 인식하고 믿는 것을 절대적으로 막았다. 원래 그 이름이 거짓의 아비인 그 무리는 예수님이 내 안에 있는지 없는지도 생각해 볼 수 없게 숨겼고, 예수님이 내 안에 계신다고 한들, 나와는 상관없는 일처럼 생각하게 속였다.

도둑이 오는 것은 도둑질하고 죽이고
멸망시키려는 것뿐이요… (요 10:10)

나는 마치 '쇼생크 탈출'이라는 영화에 나오는 레드와 같았다. 교도소에서 40년 만에 가석방을 받고, 드디어 바라고 바라던 자유의 몸이 되었지만, 오랜 교도소 생활로 인해, 사회에 나와서도 상사의 허락이 없이는 소변도 나오지 않는다고 말했다.

그 레드가 나와 같았다. 오랜 시간, 마귀의 속임수에 절여 있었던 나는 하나님의 말씀을 부정했다. 오히려 마귀의 통치에 익숙해지고 길들어 있었기 때문에 하나님의 말씀보다 적의 말에 순종하는 것이 더 쉬웠다. 누구보다 하나님께 사랑받기를 원하면서, 사랑받을 자격이 없다고 믿는 믿음이 더 절대적이었다. 성경 말씀이 아무리 나에게 사랑한다고 해도 '나는 아니고 다른 사람들은 사랑하신대.'라고 적용했다.

그가 우리를 흑암의 권세에서 건져내사
그의 사랑의 아들의 나라로 옮기셨으니 (골 1:13)

나는 흑암의 권세에서 벗어나, 하나님의 사랑의 아들의 나라로 들어왔음에도, 흑암의 권세 아래 살던 생각과 감정을 버리지 못하고 똑같이 그대로 살고 있었다.

그런즉 누구든지 그리스도 안에 있으면 새로운 피조물이라
이전 것은 지나갔으니 보라 새것이 되었도다 (고후 5:17)

고린도후서 5장 17절, 이 말씀을 아무리 읽어도, 나는 내 힘으로는 무엇이 잘못되었는지 도무지 알 수가 없었다. 기쁨이 없는 삶, 평강이 없는 삶, 변하지 않는 내 모습과 내 환경은, 그리스도 안에 있는 '새로운 피조물'도 '새것'도 되지 않았다는 것만은 확실하게 말해주었다.

우리가 주목하는 것은 보이는 것이 아니요
보이지 않는 것이니 보이는 것은 잠깐이요
보이지 않는 것은 영원함이라 (고후 4:18)

보이는 세계보다 보이지 않는 세계가 더 중요하다는 것을 알았을 때, 정신을 차리고, 마귀의 거짓말에 속지 않고, 무엇이 진리인지를 생각해야 했다.

나는 내 자신이 오랜 세월 마귀의 의도대로 길들어서 살아왔다는 것을 인정하고, 내가 하는 생각이 틀릴 수도 있다는 것을 기도하면서 배우게 되었다.

'어쩌면, 내가 생각하는 것과 반대로 생각하는 것이 오히려 하나님의 뜻에 더 가까운 생각이 아닐까?'

라고도 생각했다. 왜냐하면 그만큼 나는 그동안 세상의 신 밑에서 종노릇하고 있었기 때문이다.

나는 태어나서 살아오는 동안 당연하다고 생각하며 길들여진 내 생각과 감정, 내가 '나'라고 생각했던 '내 자아', 즉 '거짓 자아'가 죽을 때, 내 안에 계신 예수님이 나의 주인이 되실 수 있다는 것을 배웠다.

그렇지만, 여전히 내 생각과 감정이 나를 사로잡아서, 내 안에 계신 예수님이 주인이 되는 삶을 살기란 여간해서 쉽지 않았다. 이 영적 전쟁에서 매번 넘어졌다.

사탄의 통치, 세상의 영의 통치가 아닌, 하나님의 통치안에서 살기를 간절히 원했다. 죽어서 가는 하나님의 나라, 천국이 아니라, 이 땅에서도 하나님나라에서 살고 싶었다.

왜냐하면 예수님께서 하나님의 나라가 너희 안에 있다고 말씀하셨기 때문이다.

^{20}바리새인들이 하나님의 나라가 어느 때에 임하나이까
묻거늘 예수께서 대답하여 이르시되 하나님의 나라는
볼 수 있게 임하는 것이 아니요
^{21}또 여기 있다 저기 있다고도 못하리니 하나님의 나라는
너희 안에 있느니라 (눅 17:20-21)

예수님께서는 하나님의 나라가 내 안에 있다고 말씀하셨다.
'그런데, 내 안에 하나님의 나라가 있는지 어떻게 알지?'

하나님의 나라는 먹는 것과 마시는 것이 아니요
오직 성령 안에 있는 의와 평강과 희락이라 (롬 14:17)

"하나님의 나라는 오직 성령 안에 있는 의와 평강과 희락
이라."

내 안에, 의와 평강과 기쁨이 있는지를 살펴보며 검토했
다. 예수님 안에서, 내게 평강과 기쁨이 있을 때는 내가 하나
님나라 안에 거하고 있음을 알았다. 그러나 내 속에 평강과 기
쁨이 사라졌을 때, 무엇이 이것을 빼앗아 갔는지 살피고, 보혈
을 뿌리고 예수 그리스도의 이름으로 대적하며 기도했다.

때때로 질병, 슬픔과 외로움, 걱정과 염려, 심지어 구원에
대한 흔들림, 죄책감, 공포 등으로 두려움에 사로잡힐 때가 있
다. 두려움은 내가 마귀의 통치안에 다시 접근해 있다는 뜻이

다. 보이지 않는 세계의 중요성을 몰랐던 예전에는, 두려움에 나를 떠내려가게 내버려둘 수밖에 없었지만, 이제는 마귀의 통치를 대적하고, 하나님의 통치를 구하게 되었다.

나는 내 안에 의와 평강과 기쁨을 확인함으로써 내가 하나님나라 안에 있는지 잠시 그 밖으로 빠져나와 있는지 살펴보고, 하나님의 통치안에 있는 하나님나라를 누리기 시작했다.

매일 아침, 잠에서 깨어날 때, 오늘 하루를 하나님이 통치해 주시길 간구하고, 또 일상 중에 생각날 때마다 하나님이 나를 통치하시기를 구하며 사는 하루는, 그렇지 않은 하루와 비교할 수 없을 만큼 다르다. 나는 차츰 하나님나라 안에서, 내 삶의 모든 영역에 하나님이 개입하고 계심을 인정하며 사는 삶이 되어가고 있음에 기쁘다.

나는 그 누구보다 연약한 존재임을 안다. 가진 재물도 없고, 건강도 없고, 지식도 없으며, 세상의 눈으로 보면 내세울 것이 단 한 개도 없다. 그러나 나는 하나님의 자녀다. 그 하나만으로 나는 다 가진 여자임을 안다. 마귀는 내가 이 권세를 알지도 못하게 막았고, 믿지도 못하게 속여왔다.

그러나 나는 더 이상 속지 않는다. 내 안에 예수 그리스도가 계신다. 하나님의 자녀인 우리 안에는 예수 그리스도가 계신다.

나는 우울한 나날을 보내며, 죽지 못해 사는 날들 동안에, 내 삶에도 언젠가는 아름다운 시편 23편의 말씀이 이루어질 날이 온다면 좋겠다고 생각했었다. 아주 오랜 훗날, 나이 들어 노인이 된 어느 날 정도쯤엔, 그런 고백이 진심으로 나오는 날이 올지도 모른다는 꿈을 꾸었다. 그런데 먼 훗날이 아닌, 하나님나라가 내 안에 있다는 것을 알고 누리며 사는 지금, 내게 이 시편 말씀이 그대로 고백 되는 평안이 넘쳐나고 있다.

[1] 여호와는 나의 목자시니 내게 부족함이 없으리로다
[2] 그가 나를 푸른 풀밭에 누이시며
　 쉴 만한 물가로 인도하시는도다
[3] 내 영혼을 소생시키시고 자기 이름을 위하여
　 의의 길로 인도하시는도다
[4] 내가 사망의 음침한 골짜기로 다닐지라도
　 해를 두려워하지 않을 것은 주께서 나와 함께하심이라
　 주의 지팡이와 막대기가 나를 안위하시나이다
[5] 주께서 내 원수의 목전에서 내게 상을 차려 주시고
　 기름을 내 머리에 부으셨으니 내 잔이 넘치나이다
[6] 내 평생에 선하심과 인자하심이 반드시 나를 따르리니
　 내가 여호와의 집에 영원히 살리로다 (시 23:1-6)

하나님의 시선은 언제나

일본에 가서 얼마 되지 않아 영적 전쟁 속에서 가정이 너무 힘든 위기에 있을 때, 새벽이면 자전거를 타고 교회로 향했다. 내게 너무 버거운 문제를 해결해 달라고 기도하러 간 거였는데, 불이 꺼지고 교회 바닥에 무릎을 꿇고 앉아서 기도를 시작하려 하면, 방언기도가 터지듯 나오며, 기도하려 했던 내 큰 문제들은 온데간데없고, 다른 세상으로 인도하셨다.

그러던 어느 날, 한 번은 방언기도 중에 어떤 영상이 보였다. 그것은 택시를 타고서 어딘가로 가고 있는 내 모습이었다. 큰아이는 회사에서 남편이 돌보고, 나는 갓난아이인 몸이 아픈 다윗을 가슴에 안고 택시를 타고 병원에 가고 있었다.

아마도 올림픽 대로쯤이라고 생각된다. 나는 택시 뒷자리에 아기 다윗을 안고 앉아서, 창밖으로 보이는 하늘과 나무들을 멍하니 바라보고 있었다. 내 심정이란 이루 말할 수 없는 어지러운 마음이었다. 의지할 곳 없는 마음이었다. 텅 빈 마음이었다. 아직 육아 초보인 애 엄마에게는 가혹한 형벌을 받고 있는 듯한 마음이었다.

그런데 내게 보인 영상은 택시가 그 도로를 달릴 때, 택시

밖의 약간 위쯤에서 나를 보고 있는 시선이었다. 내가 창밖을 보는 시점이 아니라, 창밖에서 하나님의 시점에서 나를 보고 계시는 영상을 보여주신 것이다. 택시가 이동하는 속도대로, 그 시선도 같은 속도로 따라서 움직이고 있었다.

나는 그제야 알았다. 나는 그때 혼자가 아니었다는 것을. 그 택시를 타고 다윗을 안고 가는 나는, 버려진 고아가 아니었다. 아버지가 나를 계속 지켜보고 계셨다.

'오로지 나 혼자 겪어야 하고, 나만 아는 그 시간에 아버지도 함께 계셨구나!'

나는 이 사실이 마음 아프면서도 위로가 되었다.

같은 시기에 어느 날 새벽, 교회에서 방언기도 중에 하나님께서는 두 번째 영상을 보여 주셨다. 장소는 S병원 1층에 있는 소아청소년과 복도였다. 지금은 많이 변했지만, 1층에 있는 소아청소년과 자리는 여전하다. 소아청소년과에 한 번 가면 아이들이 너무 많아서 대기시간이 기본으로 한 두 시간은 훌쩍 넘고, 검사라도 있는 날이면 반나절은 병원에서 머물러야 했다. 나는 다윗을 안고 그 긴 시간을 이리저리 걸어 다녔다. 언제 이름을 부를지 몰라서 멀리는 가지 못하고, 근처를 맴돌았다.

어수선한 소아청소년과 대기실에서 빠져나와서 긴 복도 중간쯤, 맨바닥에 앉아서 벽에 등을 기대고 있기도 했다. 가난한 마음이었다. 어디에 장애가 있는지 모르는 다윗을 안고 멍하니 시간을 보내고 있는, 배고프고 지친 가난한 애 엄마였다.

하나님은, 나는 까맣게 잊어버리고 있었던 이곳을 보여주셨다. 이번에도 시선은 하나님의 시점이었다. 그 큰 병원에 천장이 없는 것처럼 뻥 뚫려 있었다. 하나님은 위에서 나를 보고 계셨다. 위층 건물이나 복도 천장이나 뭔가 하나도 가릴 것이 없었다. 하나님은 어떤 장애물도 없이 시원하게 뚫린 상태로 1층 복도에 쭈그리고 앉아 있는 나를, 위에서부터 지켜보고 계셨다. 그렇지만, 마치 카메라 줌으로 잡아당기듯이 내가 점점 크게 보였다. 하나님의 눈은 내 마음마저 다 세세하게 보고 계셨다.

나는 살면서 단 한 번도 그 자리에 앉아 있던 나를 기억을 더듬어 생각해 본 적이 없었다. 병원에서 진료 대기 중에 복도에 앉아 있는 나를 묵상해 본적이란 있을 수가 없다. 그런데 하나님은 내가 그곳에 앉아 있을 때, 어떤 심정으로 앉아 있었는지도 다 알고 계셨다. 기억하고 계셨다. 나는 기억하지 못해도 하나님은 다 알고, 기억하고 계신다는 것을 알았을 때, 하염없이 눈물이 흘러나왔다. 통곡하듯 울고 말았다.

'다 보고 있다고, 알고 있다고, 함께 있다고 그때 말씀 좀 해 주시지! 그러면 덜 힘들었을 텐데…'라는 생각과 함께,

'하나님은 정말 모든 곳에 함께 하시는구나! 나에 대해 모르시는 것이 단 하나도 없으시구나!'라고 깨달았다.

예수님은 나의 전부를, 또 당신의 전부를 알고 기억하고 계시며, 지금 이 순간에도 나와 당신을 혼자 두고 있지 않으심을 믿는다.

아빠 아버지

예수님은 십자가 고난을 받으시기 전 겟세마네 동산에서 기도하실 때, 너무 고통스러운 순간에 하나님 아버지를 '아빠 아버지'라고 부르시며 기도하셨다.

나는 하나님을 '아버지'라고 부르는 데 시간이 꽤 오래 걸렸다. 입에 잘 붙지 않았다. '아버지'라는 호칭은 육신의 아빠가 먼저 떠오르기 때문이었을지도 모른다. 나는 하나님을 '아버지!'라고 부르는 호칭보다, '나는 하나님의 자녀!'라는 말이 왠지 더 편하고 마음에 좋았다. 그러니 '아빠 아버지'라는 표현은 더더욱 거북스럽게 느껴졌다.

그런데 최근에 찬양하다가 갑자기 나도 모르게 하나님을 '아빠'라고 불렀다. 방언처럼 쉴 새 없이 입에서 흘러나왔다. "아빠, 아빠, 아빠, 아빠, 아빠……" 눈물샘이 터질 만큼 하나님을 수없이 아빠라고 불렀다. 그리고서는 그 순간부터 기적처럼 '하나님 아빠!'가 너무 자연스럽게 불렸다. 그동안에 있었던 거부반응은 완전히 사라지고, 어린아이처럼 하나님을 '아빠!'라고 부르면, 마음속에서 간질간질한 기쁨이 퐁! 퐁! 올라온다.

하나님 아빠와 나의 관계는 한 발짝 더 깊은 친밀함으로 새롭게 시작되고 있음을 느낀다.

> 너희는 다시 무서워하는 종의 영을 받지 아니하고 양자의 영을 받았으므로 우리가 아빠 아버지라고 부르짖느니라
> (롬 8:15)

> ⁶너희가 아들이므로 하나님이 그 아들의 영을 우리 마음 가운데 보내사 아빠 아버지라 부르게 하셨느니라
> ⁷그러므로 네가 이 후로는 종이 아니요 아들이니 아들이면 하나님으로 말미암아 유업을 받을 자니라 (갈 4:6-7)

우리의 형편이 긴 세월 동안, 어제도 오늘도 어쩌면 내일도 변함이 없어서, 어떤 일도 하지 않으시는 무심한 하나님이

신 것처럼 느껴질 때가 있을지도 모른다. 나는 오랜 시간 그러
했다.

그렇지만, 예수 그리스도의 생명이 우리 안에 있으므로 하
나님 아버지는 우리에게 날마다 새 일을 행하고 계신다는 것
을 지금은 안다. 우리가 하나님의 자녀이며, 가장 좋은 것으로
주시는 아빠 아버지이심을 믿는다면, 우리는 말씀이신 예수님
으로부터 새 힘을 얻고, 어떤 상황에 있을지라도 항상 기뻐하
고 감사할 수 있다.

우리가 깨닫든지, 그렇지 않든지, 우리의 아버지는 지금,
이 순간에도 우리 안에서 역사하고 계신다.

시편 139편 (현대인의 성경)
여호와여,
주는 나를 살피셨으니
나에 관한 모든 것을 알고 계십니다.
주께서는 내가 앉고 일어서는 것을 아시며
멀리서도 내 생각을 꿰뚫어 보시고
내가 일하고 쉬는 것을 다 보고 계시며
나의 모든 행동을 잘 알고 계십니다.
여호와여,
주는 내가 말하기도 전에

내가 할 말을 다 아십니다.
주는 나를 사방에서 포위하시며
주의 손으로 나를 붙들고 계십니다.
이와 같은 주의 지식은 너무 깊어서
내가 이해할 수 없습니다.

내가 주를 떠나 어디로 갈 수 있으며
주 앞에서 어디로 피할 수 있겠습니까?
내가 하늘에 올라가도 주는 거기 계시며
내가 하계에(음부에) 가서 누워도
주는 거기 계십니다.
내가 새벽 날개를 타고 바다 저편
가장 먼 곳에 가서 살지라도
주는 거기서도 나를 인도하시고
주의 오른손으로 나를 붙드실 것입니다.
내가 만일
"흑암이 나를 덮고 나를 두른 빛이 밤이 되리라"
할지라도 주에게는 흑암이 어둡지 않을 것이며
밤도 대낮처럼 밝을 것입니다.
주에게는 흑암과 빛이 마찬가지이기 때문입니다.
주는 내 몸의 모든 기관을 만드시고

어머니의 태에서 나를 베 짜듯이 지으셨습니다.
내가 이처럼 놀랍고 신기하게 만들어졌으니
주를 찬양합니다.
주의 솜씨가 얼마나 훌륭한지
나는 잘 알고 있습니다.
내가 보이지 않는 어머니 태에서
만들어지고 있을 그 때에도
주는 내 형체를 보고 계셨습니다.
주는 내가 태어나기도 전에 나를 보셨으며
나를 위해 작정된 날이 하루도 시작되기 전에
그 모든 날이 주의 책에 기록되었습니다.
하나님이시여,
주의 생각은 나에게 정말 소중합니다.
어쩌면 주는 그렇게도 많은 생각을 하십니까?
내가 만일 그 수를 헤아린다면
해변의 모래알보다 더 많을 것입니다.
내가 깰 때에도 주는 여전히 나와 함께 계십니다.
하나님이시여,
주는 악인들을 반드시 죽이실 것입니다.
피에 굶주린 자들아, 나를 떠나가거라!

그들이 주를 악평하며 주의 이름을 더럽히고 있습니다.
여호와여,
주를 미워하는 자를
내가 어찌 미워하지 않겠습니까?
주를 대적하는 자를
내가 어찌 증오하지 않겠습니까?
내가 그들을 미워하는 것은 주의 대적이
바로 나의 대적이기 때문입니다.

하나님이시여,
나를 살피시고 내 마음을 아시며
나를 시험하셔서 내 생각을 아소서.
나에게 무슨 악한 행위가 있는지 보시고
나를 영원한 길로 인도하소서.

나의 왕, 나의 하나님!
짧다면 짧고 길다면 긴 시간을 살아오면서 알게 된 것 한
가지, 하나님께 드릴 나의 고백은 감사밖에 없다는 것입니다.
아빠 아버지, 오늘도 말씀과 함께 할 수 있고, 하나님 앞에서
기도하며 찬양하는 시간을 가질 수 있다는 것은 인생에 최고

의 은혜이며 축복임을 압니다.

하나님, 감사합니다. 오늘도 하나님을 찬양하게 하시니, 더 감사합니다.

"호흡이 있는 자마다 여호와를 찬양할지어다 할렐루야"

(시 150:6)

너희가 내 안에 거하고 내 말이 너희 안에 거하면
무엇이든지 원하는 대로 구하라 그리하면 이루리라

(요 15:7)